AU FIL DU NIL

LE PARCOURS D'UN ÉGYPTOLOGUE :

JEAN LECLANT

Fondation Singer-Polignac

Présidée par M. Édouard BONNEFOUS
Chancelier honoraire de l'Institut de France
Ancien ministre d'État

AU FIL DU NIL :

LE PARCOURS D'UN ÉGYPTOLOGUE

Colloque de la Fondation Singer-Polignac

en l'honneur de

M. Jean LECLANT
Secrétaire perpétuel de l'Académie des Inscriptions et Belles-Lettres
Professeur honoraire au Collège de France

PARIS, 12 novembre 2001

Diffusion DE BOCCARD
11, rue de Médicis

ISBN : 2-87754-134-7

JEAN LECLANT.
UN PARCOURS D'ÉGYPTOLOGUE

D'année en année, l'engouement ne cesse de s'affirmer et même de s'accroître envers l'Égypte et l'égyptologie : un pays dont un très large public souhaite mieux connaître les monuments fabuleux, une civilisation qui suscite admiration et interrogations, une science enfin que résume le nom si célèbre d'un découvreur prestigieux : Jean-François Champollion.

On comprend ainsi que le Chancelier Édouard Bonnefous ait souhaité que la Fondation Singer-Polignac, toujours à la pointe de l'activité culturelle et scientifique, consacre une de ses journées à la Vallée du Nil antique. Aussi m'a-t-il fait l'honneur et la confiance de me demander, à titre d'exemple, de retracer les grandes lignes de mon activité scientifique et de solliciter sur un certain nombre de problèmes l'expérience de plusieurs de ceux qui ont travaillé avec moi et sont devenus mes collègues dans des postes majeurs de notre discipline.

J'ai hésité, car il y a toujours quelque risque d'être accusé d'outre-cuidance en rendant publique une sorte d'introspection. Mais je n'ai guère pu résister à son amicale sollicitation. Ainsi souhaiterions-nous, au fil du Nil, mes amis et moi-même, vous faire participer à quelques-uns des problèmes et aux perspectives neuves d'un domaine de recherches riche de « plus de quarante siècles », au long d'un fleuve qui pousse ses flots puissants depuis le cœur de l'Afrique jusqu'aux rives de la Méditerranée (fig. 1 et 2). Ce faisant, ce sera l'occasion, au passage, de rendre hommage à des amis disparus, de célébrer leurs noms et leurs travaux, de les faire revivre quelques instants avec nous, comme avaient coutume de le faire les anciens Égyptiens eux-mêmes, œuvre de pieuse mémoire.

J'ai eu la chance première, né et élevé à Paris, de pouvoir me rendre souvent, tout bambin, au musée du Louvre : la chapelle du mastaba

Fig. 1 – Au long du Nil, le fleuve, la vallée et le gebel.

Fig. 2 – Le Nil en aval de Khartoum.

d'Akhty-hotep était alors présentée dans une petite pièce, à laquelle on accédait par les « guichets » ; dans la pénombre, je m'émerveillais aux reliefs d'une vie si intense, admirant leur suprême élégance, leurs tons si harmonieux ; dans les galeries du Louvre, les sarcophages en bois du Moyen Empire ouvraient sur moi leurs yeux interrogateurs ; j'étais, comme se plaisait à le dire Auguste Mariette, « mordu par le canard égyptologique ». Je ne savais pas, bien entendu, ce qu'était un archéologue et les voies demeuraient pour moi mystérieuses, menant vers la vallée du Nil. Ma passion exotique fut confirmée lors d'un voyage qui me mena, juste avant mon baccalauréat, en Tunisie, jusqu'aux très lointaines oasis de Tozeur et Nefta, dans le Djerid ; j'étais conquis par le désert.

Lorsque, après la débâcle de 40, j'entrai à l'École Normale Supérieure, interrogé par mon directeur, Jérôme Carcopino, sur l'orientation que je comptais prendre, je lui confessai mon souhait de m'engager dans l'égyptologie ; il me fit remettre un pli me recommandant à un jeune professeur qu'un brillant mémoire (« L'appel aux vivants dans les textes funéraires égyptiens ») avait fait élire récemment à l'École pratique des Hautes Études : Jean Sainte-Fare Garnot. Celui-ci voulut bien m'adopter dans son petit groupe de travail ; à l'issue du premier cours auquel j'assistai, je remontai la rue Saint-Jacques en méditant sur la distinction entre perfectif et imperfectif : « Si tu désires monter vers le ciel, toujours tu y monteras ; si tu désires descendre dans la Naunet, toujours tu y descendras », tel était le paragraphe 149 des Textes des Pyramides. Reclus par le couvre-feu, je passai tant de longues heures dans le paradis qu'était la bibliothèque de l'École : pour tout savoir immédiatement sur toute question, il n'y avait qu'à étendre la main. Durant l'hiver 1942-43, mon mémoire d'étude fut consacré à « Ammon et son oracle à l'Oasis » ; tandis que se déroulaient les terribles combats du désert libyque, suivis dans une turne de l'École Normale sur la carte avec quelle passion, il y avait quelque paradoxe à étudier les pistes menant Alexandre vers le dieu qui lui consacrerait l'empire du monde, dans les solitudes de Siwa.

En juin 1943, je gagnai la région de Grenoble. Puis, après la libération, tout en passant l'agrégation − la première session de l'agrégation de géographie nouvellement créée −, je m'engageai dans la Marine nationale ; je fus envoyé comme midship sur le Danube, en Autriche. Tels sont les imprévus de l'existence. Plus que la navigation sur le fleuve international (dont l'accès était d'ailleurs bloqué par les Russes) ou les enquêtes dans les usines de torpilles (les fameux V2) me retinrent alors, à l'État-major du général Béthouard, les problèmes culturels. Il y avait à l'Université de Vienne un « Institut für Ägyptologie und Afrikanistik » : l'enseignement du doyen Wilhelm Czermak et de ses assistants portait aussi bien sur les textes funéraires de l'Égypte pharaonique que sur le vieux-nubien ou les langues chamito-sémitiques, tel l'afar. J'eus la révélation que les problèmes de l'antique vallée du Nil pouvaient être abordés aussi bien – sinon mieux – d'un point de vue africaniste plutôt que dans les perspectives des textes classiques ou du monde de la Bible –, ce dont, à Paris même, j'avais déjà été convaincu par Marcel Griaule et ses recherches sur le « Dieu d'eau » : plutôt que vers Platon, c'est vers le sage dogon Ogotémeli qu'il convenait de se tourner.

Revenu à la vie civile et à des études d'autant plus chères que j'en avais été longtemps sevré, je me préparai, en tant qu'attaché au C.N.R.S. et chargé de mission au musée du Louvre, à l'entrée à l'Institut français d'Archéologie orientale du Caire (l'IFAO), en suivant de façon intensive à l'École pratique des Hautes Études les cours de philologie de Gustave Lefebvre, un maître d'une rigueur exemplaire, et au Collège de France ceux de Pierre Lacau qui, durant sa très longue carrière à la tête du Service des Antiquités de l'Égypte, avait eu un contact permanent avec sites et monuments. La porte était étroite : un seul poste par an pour toutes les si nombreuses spécialités couvertes par l'établissement, depuis l'hiéroglyphique et le démotique jusqu'au copte, la papyrologie et les études arabes. Choisi par la commission de recrutement, j'arrivai au Caire à la fin de septembre 1948.

Il me faudrait ici évoquer la traversée sur le vieux « Champollion », le débarquement à Alexandrie dans le grouillement de la foule bigarrée, l'arrivée au Caire par la route du désert, au pied même des Pyramides, l'accueil si chaleureux au musée du Chanoine Drioton, qui, tarbouche en tête, toujours souriant, était prêt à faire profiter le débutant de son immense érudition. Dès ma première semaine, je montai à Sakkara (fig. 3) savourer l'hospitalité de Jean-Philippe Lauer auquel m'avait recommandé son beau-père, l'ancien directeur de l'IFAO, le professeur Pierre Jouguet : longues heures d'extase sur le plateau dominé par la magie de la Pyramide à degrés de Djoser ; je visitai très minutieusement les mastabas et la Pyramide d'Ounas alors seule ouverte, où je découvrais de *visu* les textes étudiés à l'École pratique des Hautes Études ; je mesurai l'énorme étendue

FIG. 3 – Sakkara. La Pyramide de Djoser.

des vestiges archéologiques de Giza au nord jusqu'à Dahshour : que de perspectives de recherches à mener, pour l'avenir.

Pourtant, mon plan de travail était alors plutôt de m'orienter vers la Haute-Égypte et vers les problèmes des contacts de l'Égypte avec les pays du Sud. A Vienne, j'avais découvert un volume tout juste publié par une jeune collègue autrichienne, Helene von Zeissl : « *Aegypter und Assyrer* », une étude préliminaire sur le XXVe dynastie dite alors « éthiopienne » (dans les décennies suivantes, on préférera, à l'anglaise, la dénommer « koushite ») ; elle domina l'ensemble de la vallée, Égypte et Nord du Soudan réunis, entre 720 et 660 av. notre ère. Je gagnai Louxor, où j'étais affecté au chantier de fouilles de l'IFAO à Karnak-Nord, sous la responsabilité de l'architecte Clément Robichon ; cet extraordinaire observateur, doué d'un enthousiasme inébranlable et d'une agilité d'esprit suprême, a été pour moi un initiateur incomparable. Lors de notre première tournée sur notre concession, nous frayant notre chemin à travers les ajoncs et les pierrailles, il me demanda brusquement : « Que pensez-vous de ce petit bloc que je viens de dégager du pied dans la broussaille ? » et moi de lui répondre aussitôt : « A l'évidence, il présente le bas du cartouche du Pharaon éthiopien Taharka » (fig. 4). « Eh bien, me dit Robichon, nous dégagerons ce secteur durant notre présente campagne ». Ainsi débuta la fouille qui allait nous faire connaître la colonnade éthiopienne de Karnak-Nord. Ce fut alors l'occasion pour Clément Robichon, mon ami Paul Barguet et moi-même d'étudier de la façon la plus précise les procédés de construction des bases d'un édifice. Une grande fosse était creusée dans le terrain, atteignant le niveau de la nappe phréatique ; dans la boue, les prêtres se livraient aux rites de fondation ; combien était-il émouvant de retrouver les vestiges de leurs pas ; l'un d'eux avait glissé : les traces de son pagne plissé se lisaient encore au sol. La nappe des eaux d'infiltration permettait de définir une horizontale de base, rigoureuse, la même pour l'ensemble du chantier. Puis la fosse était remplie de blocs de pierres, ceux mêmes dont nous devions établir le relevé − et le plus exactement possible. Pourquoi s'appliquer avec tant de méthode et de minutie à la description de fondations, qui, à première vue, auraient pu sembler sans grand intérêt ? C'est que ces blocs étaient des « remplois » − c'est-à-dire qu'ils provenaient de constructions antérieures et avaient été réutilisés. Certes leurs inscriptions et leurs reliefs avaient en eux-mêmes valeur de documents historiques − nul n'aurait pu le contester. Mais, allant beaucoup plus loin, Clément Robichon et Alexandre Varille cherchaient à savoir si la disposition des « remplois » ne témoignait pas d'autres messages ; selon eux, elle n'était pas quelconque, mais systématique. Depuis plusieurs années, une « querelle » faisait rage, opposant aux égyptologues « classiques » – la plupart de mes bons maîtres parisiens – l'école dite « symboliste », dans le sillage du baron Schwaller de Lubicz. Étant donné la violence des passions déchaînées, nous dûmes faire preuve d'une vigilance particulière, Paul Barguet et moi, dans la rédaction du rapport final *Karnak-Nord IV* (publié dès 1954) afin de ne heurter personne. Je reste certes bien persuadé que, dans l'architecture égyptienne, tout n'est certes pas signifiant. Mais il est sûr aussi que les Égyptiens ne se sont pas exprimés seulement par les mots, mais aussi par les formes. En tout état de cause, il est du devoir des fouilleurs de tenter de noter avec une précision extrême toutes leurs observations, même si, sur le moment, dans l'état actuel de la science, elles peuvent sembler minimes. Les enquêtes archéologiques sont comme les investigations policières ; au fur et à mesure de leur développement, elles détruisent – ou risquent de détruire – des indices qui, par la suite, apparaîtront comme essentiels.

Pendant ce temps j'avais eu le loisir aussi d'amasser une riche documentation sur les monuments thébains de la XXVe dynastie. J'avais été adopté paternellement par notre voisin Henri Chevrier qui dirigeait tout seul les centaines d'ouvriers occupés au dégagement des ruines de l'immense ensemble des temples de Karnak ; il m'y avait confié en particulier l'étude de l'étrange bâtiment dénommé « l'édifice de Taharka du lac ». Sur la rive gauche thébaine, accueilli avec bienveillance par Bernard Bruyère, j'avais pu, dans le secteur alors totalement abandonné de l'Assassif (fig. 6), explorer le vaste palais funéraire de Montouemhat, quatrième prophète d'Amon, prince de la ville – un ensemble impressionnant d'un personnage qui régna sur Thèbes durant les temps incertains de la domination koushite jusqu'au début des Saïtes (fig. 5). J'avais pu également travailler dans les petites chapelles des gracieuses Divines Adoratrices, princesses de la dynastie royale, qui, demeurant vierges, étaient consacrées au service exclusif du dieu Amon (fig. 7). S'imposait aussi de remarquer la montée du culte d'Osiris, un dieu compatissant et, sous des aspects divers, objet de l'adoration populaire – un tournant décisif dans la religion de l'Égypte de la basse époque.

A la fin de mon séjour à l'IFAO en 1953, j'étais prêt à rapporter d'Égypte la matière de mes deux thèses de doctorat, consacrées à

FIG. 5 – Montouemhat, prince de la ville.

FIG. 4 – Le Pharaon koushite Taharka.

Fig. 6 – L'Assassif au pied de la montagne thébaine.

l'époque dite « éthiopienne ». Du côté des limites méridionales de l'Égypte, c'est-à-dire vers la Nubie, j'avais même eu la chance de profiter de deux splendides expériences.

Dès le début de 1949, quittant pour quelques jours le chantier de Karnak, flanqué de mon fidèle domestique Mahmoud, j'avais gagné par le train Assouan, la porte de l'Afrique, riche d'un souk aux trésors les plus divers ; on y avait rempli deux énormes paniers de provisions ; puis, nous nous étions embarqués sur la « Malle du Soudan » qui, chaque semaine, transportait jusqu'à Ouadi Halfa, à proximité de la IIe cataracte, quelques fonctionnaires anglais regagnant par la voie du Nil le lointain Soudan. Au bateau très bien tenu des « khawagas » étaient jointes deux barges où s'entassaient les Nubiens, leurs troupeaux, leur « barda », se rendant d'un village à l'autre, au long du fleuve. Quelle merveilleuse initiation que cette découverte de paysages nouveaux et d'un monde si différent de celui de mes expériences égyptiennes : la Nubie et ces Nubiens d'une prodigieuse distinction, descendants directs de mes amis Koushites.

Dans la nuit, soudain, le steamer braqua ses phares vers la rive – et ce fut l'éblouissement de l'énorme façade du grand temple d'Abou Simbel (fig. 8) ; je descendis avec Mahmoud et nos paniers ; une demi-heure après, les passagers britanniques, ayant jeté un coup d'œil rapide à l'intérieur du temple, réembarquèrent. Enfoui dans mon sac de couchage, allongé au pied des colosses, je m'endormis pour me réveiller à la fraîcheur de l'aurore – et du murmure des quelques villageois venus rejoindre Mahmoud autour d'un petit thé matinal et faire la connaissance de leur visiteur. Aussitôt debout, je commençai ma propre visite détaillée des deux temples (fig. 9), devant repartir trois jours après, lors du retour du bateau, cette fois en direction du nord. Cette première traversée rapide de la Basse Nubie fut pour moi un enchantement : la découverte de ce secteur isolé du reste du monde, sous l'ardeur du soleil du tropique, la contemplation du Nil impassible, triomphant du désert, sable et rochers, de ce fleuve superbe apportant avec lui la vie et les flots nécessaires à l'irrigation de l'Égypte.

Aussi fus-je très heureux, quelques mois plus tard, de repartir pour la Nubie et le Soudan, en compagnie cette fois de la célèbre papyrologue belge Claire Préaux : bateau jusqu'à Ouadi Halfa, train aux wagons blancs des Sudan Railways (plus de trente heures) jusqu'à Khartoum, directement par le désert. Le retour se fit avec de nombreux arrêts : visite de Méroé et de ses champs immenses de pyramides (fig. 10), littéralement grillées de soleil, escapades dans la savane vers les grands sites de Naga (fig. 11) et de Musawwarat es-Sufra ; puis ce fut l'embranchement ferroviaire, de Kerima à Merawi ; enfin depuis Napata et sa montagne sacrée du Gebel Barkal (fig. 12), en camion, nous visitâmes toute la suite des sites nubiens, où je devais plus tard faire tant de campagnes, jusqu'à la frontière égyptienne ; trois d'entre nous devaient s'aliter à l'hôpital d'Assouan, frappés de crises de jaunisse. Mais, durant un mois, quelle splendide aventure.

Sakkara, Karnak, la Nubie et le Soudan. Mais j'avais visité aussi tant d'autres lieux : dans le Delta, j'avais durant deux campagnes travaillé aux côtés du professeur Pierre Montet dans les déchaînements séthiens des grandes bourrasques qui balaient avec violence le Tell de Tanis ; j'avais parcouru le Fayoum et la Moyenne-Égypte, m'engageant avec prudence sur des routes étroites – en fait le plus souvent les talus de rejet du creusement des canaux –, souvent coupées par les travaux agricoles, jusque dans des bourgades submergées de foules bruyantes ou vers d'infimes hameaux à la tranquillité millénaire (fig. 13). Aux risques de la

Fɪɢ. 7 – Chapelle des Divines Adoratrices de Medinet Habou.

boussole, j'étais allé jusqu'aux lointains oasis du désert libyque (Siwa, Khargeh) et dans les solitudes montagneuses de la chaîne arabique, le long aussi des côtes de la mer Rouge. Peu après mon arrivée en Égypte, j'avais reçu de la revue *Orientalia* (éditée à Rome par l'Institut biblique pontifical) la charge de recueillir les informations concernant les fouilles et les découvertes récentes – qui risquaient de n'être pas publiées, ni même bien souvent d'être signalées ; ce fut ainsi, en 1948, le départ de chroniques annuelles, qui peu à peu se sont étoffées, jusqu'à atteindre ces derniers temps 120 pages et une cinquantaine de clichés photographiques ; dans la série de la revue les *Orientalia* se trouve consigné plus d'un demi-siècle d'archéologie égyptienne.

     En ces temps-là qui peuvent apparaître bien lointains – il s'agit en fait d'un demi-siècle – les grands patrons prenaient les décisions requises pour l'organisation de la discipline ; ils orientaient en particulier les

FIG. 8 – La façade du grand temple d'Abou Simbel.

FIG. 9 – Grand temple d'Abou Simbel :
la salle aux piliers osiriaques et au fond
le sanctuaire.

F𝚒𝚐. 10 – Les pyramides de la nécropole de Méroé.

FIG. 11 – Ruines du temple d'Amon de Naga.

FIG. 12 – La montagne sacrée du Gebel Barkal.

Fig. 13 – Village du Fayoum.

carrières des débutants. Je savais que l'on pensait à moi pour la chaire de
Strasbourg demeurée vacante depuis que Pierre Montet avait été appelé
à Paris, au Collège de France. Mais le destin, ce maître de toutes choses,
devait auparavant me faire connaître une nouvelle aventure où la
Marine, une fois encore, eut sa part. Le croiseur-école, la Jeanne d'Arc,
devant faire escale à Alexandrie et à Ismaïlia, je fus convié à effectuer
d'urgence une « période » comme officier de liaison ; pour diverses
raisons – mais ce serait d'autres histoires à vous conter – je fus appelé à
rester à bord jusqu'à Djibouti – et de là à porter un message du gou-
vernement français à la cour du Négus. Quoique très brefs, mes entretiens
avec les ministres et les deux conférences que je fis à Addis Abeba
devaient avoir pour moi des conséquences décisives : l'été suivant on me
confia, de façon impérative, la tâche de créer une section d'archéologie
en Éthiopie, ma nomination comme chargé de cours à l'Université de
Strasbourg étant en quelque sorte liée à la réalisation de ce projet. Les
deux postes étaient évidemment bien éloignés l'un de l'autre ; mais

pendant plusieurs années je pus mener de front les deux entreprises – ce qui fut facilité par le développement alors très rapide des transports aériens ; plusieurs fois je passai dans la même semaine des 40° de la côte érythréenne aux - 10° de l'Alsace. Ayant reçu de l'Empereur la disposition des moyens nécessaires : des Land-Rover, une escouade de l'armée avec les indispensables mulets, un petit appareil des forces militaires aériennes pour des survols éventuels, je commençai, avec l'aide en particulier d'André Caquot (depuis, mon confrère à l'Institut), de dresser les bases d'un inventaire archéologique de ce pays demeuré jusqu'alors inconnu. Des fouilles furent entreprises à Axoum (fig. 14), l'antique capitale religieuse – les premières jamais menées en Éthiopie sur une telle échelle.

Il ne pouvait cependant s'agir de m'engager trop avant dans une carrière éthiopienne. De toute façon, il y avait à la base de cette affaire une ambiguïté, un contresens même. Mon Éthiopie n'était pas ce que l'on continuait parfois encore à appeler l'Abyssinie ; en fait c'était le Soudan et la Nubie. J'ai conservé un souvenir de sympathie pour cette sorte de Byzance africaine qu'était alors le pays du Négus ; l'Empereur plein de sollicitude pour cette section d'archéologie qu'il avait ardemment souhaitée, connaissait fort bien, bien mieux que moi en tout cas, les traditions concernant l'histoire de son pays ; en dépit de l'extrême indigence de l'Éthiopie, il y avait des hommes intelligents et de bonne volonté, tel Ato Kebbédé, un lettré d'une extrême finesse qui faisait office, avec une rare distinction, de ce que nous appellerions un ministre de la culture.

Mais mon poste majeur était Strasbourg où j'allais, pendant dix ans, de 1953 à 1963, avoir la responsabilité de l'enseignement de l'égyptologie. Jouissant d'une tradition réputée, l'Institut d'Égyptologie, qui avait connu des maîtres tels que Wilhelm Spiegelberg et Pierre Montet, disposait d'un espace confortable, avec une très belle collection d'objets, une bibliothèque, une secrétaire attentive et dévouée, des étudiants de qualité (certains ont fait des carrières brillantes, tels Alain Zivie ou Claude Traunecker, que j'ai connus encore adolescents, « égyptologues en herbe » si j'ose dire). Les horaires des cours sur l'Égypte et sur le Moyen-Orient ancien étaient fixés en commun avec mon collègue Daniel Schlumberger, qui dirigeait les fouilles en Afghanistan : en fonction d'exigences climatiques différentes, il nous était possible de nous relayer pour assurer une enseignement continu à l'Université de

FIG. 14 – « Obélisque » d'Axoum, Éthiopie.

Strasbourg, c'est-à-dire d'être absents l'un et l'autre successivement ; ceci me permit, des années durant, de continuer à être présent en Nubie et au Soudan, sur les chantiers de fouilles de Soleb et de Tômâs.

A Tômâs, en Nubie égyptienne, je fus amené à travailler en 1961, puis à effectuer une seconde campagne en 1964. L'occasion m'en fut donnée par la grande campagne internationale lancée en 1960 par l'UNESCO pour l'étude de la Nubie vouée à la submersion sous les flots du Haut-Barrage d'Assouan. J'engageai notre Institut de Strasbourg à répondre à l'appel solennel d'André Malraux et du directeur de l'UNESCO Veronese ; on nous confia l'exploration d'un secteur d'une vingtaine de kilomètres sur la rive gauche du Nil ; notre mission, menée avec le concours de Jean-Philippe Lauer (que je réussis à arracher pour quelques semaines de son site de Sakkara), découvrit entre autres des inscriptions de l'Ancien Empire égyptien et deux longs textes méroï- tiques. De nombreuses gravures rupestres (fig. 15) me révélèrent aussi que la Nubie était une province nouvelle et considérable de grand art pariétal nord-saharien ; elle avait participé à cette vaste école d'art pré- historique qui s'allonge de la mer Rouge jusqu'à la très lointaine Mauritanie. Y surgissait toute une faune paléo-africaine : éléphants, gira- fes, bovins aussi. Plus tard, en association avec le général Paul Huard, je pourrai publier un riche répertoire des documents témoins de la Culture des chasseurs du Nil et du Sahara – celle-ci constituant assuré- ment une des sources de ce qui deviendra l'art pharaonique, si attentif à la vie animalière.

Auparavant, en 1960, je m'étais déjà engagé à participer aux tra- vaux entrepris par la mission franco-italienne de Michela Schiff Giorgini et Clément Robichon à Soleb, un petit village nubien isolé entre les IIᵉ et IIIᵉ cataractes, vivant encore à l'heure des premiers voya- geurs du début du XIXᵉ siècle ; quelques dizaines d'habitants, des fem- mes, des vieillards et des enfants essentiellement, les hommes étant expa- triés dans les entreprises, alors si prospères, du Golfe. Pour l'atteindre à partir de Ouadi Halfa au nord ou de Dongola au sud, il fallait de très longues heures à cahoter entre les rochers, avec les incertitudes de bien mauvaises pistes. Dans une solitude grandiose, les vestiges du grand tem- ple jubilaire d'Aménophis III étaient dominés par quelques élégantes colonnes papyriformes (fig. 16) ; ils offraient les restes de reliefs très fine- ment gravés relatant une cérémonie bien mal connue, celle de la fête- Sed ; dans la salle hypostyle se lisait une suite d'écussons de peuplades

FIG. 15 - Gravure rupestre de la zone de la IIIᵉ cataracte.

d'Asie et d'Afrique soumises à la magie dominatrice du Pharaon (fig. 17) ; très sommairement relatés par Lepsius au milieu du XIXᵉ siè- cle, ces documents prestigieux étaient l'objet de la curiosité inassouvie de l'ensemble des égyptologues ; gérée avec magnificence par la très charmante Michela Schiff Giorgini, la mécène de cette entreprise archéologique, la mission de Soleb était un lieu de rêve ; durant dix-sept campagnes, j'y ai passé, dans l'amitié et la joie d'un travail scientifique splendidement organisé, parmi les meilleurs moments de ma vie.

A une quinzaine de kilomètres en aval, à Sedeinga, le petit temple de la reine Tiy (fig. 18), l'épouse d'Aménophis III, préfigurait cette union des principes divins, masculin et féminin, qui sera, un grand siècle plus tard, le thème majeur d'Abou Simbel, où s'unissent les temples du Pharaon Ramsès II et de la reine Nefertari. La mission archéologique de Sedeinga a mis en évidence une vaste nécropole méroïtique, où ont été recueillis d'exceptionnelles verreries et divers textes (stèles et tables d'offrandes) ; ceux-ci ont donné l'occasion d'ajouter de nouveaux numéros au *Recueil d'Épigraphie méroïtique* (*REM*), dont je poursuivais le

Fig. 16 – Les ruines du temple de Soleb.

Fig. 17 – Soleb. Examen des vestiges d'une colonne gravée des noms des peuples « envoûtés ».

Fig. 18 – Ruines du temple de la reine Tiy à Sedeinga.

groupement des matériaux et l'étude depuis les temps de Strasbourg ; je m'étais alors attelé à cette tâche avec le concours dévoué d'André Heyler.

Mais, des enchantements de la Nubie et du Soudan, il nous faut revenir en France où, de façon brutale, le 20 juin 1963, décéda le titulaire de la chaire de la Sorbonne, mon maître et ami – pour moi un véritable grand-frère – Jean Sainte-Fare Garnot. Ma peine fut immense – il laissait six jeunes enfants, dont deux jumeaux de 18 mois, d'importants travaux en cours, inachevés. Je fus appelé à lui succéder. Je savais d'avance qu'à Paris je serais beaucoup moins libre qu'à Strasbourg de mes horaires, que mes moyens d'action seraient inévitablement réduits ; mais, comme me le fit observer d'une remarque sèche le doyen André Aymard : « La Sorbonne est la Sorbonne » – il en était ainsi du moins alors.

Peu après, on me fit la confiance de m'élire également à l'École pratique des Hautes Études (E.P.H.E.), haut lieu de recherches, dont la vocation et l'organisation constituent une spécificité dans le système de l'enseignement supérieur français. A la section des sciences religieuses – la Ve section – me fut attribuée une « direction d'études » sans doute unique en son genre dans le monde, celle de l'Égypte hors de l'Égypte : tout à la fois vers le Nord les recherches sur les cultes isiaques (répandus à travers la Méditerranée jusqu'au *limes* si lointain du Rhin et du Danube) et vers le Sud les enquêtes sur la civilisation du royaume méroïtique, avec le déchiffrement de textes demeurés si énigmatiques.

Mon transfert à Paris avec les deux chaires de la Sorbonne et de l'E.P.H.E. m'obligeait évidemment à une réorganisation totale de mon rythme de travail. Mais il me fallait également tenir compte de la situation nouvelle sur le plateau de Sakkara (fig. 19) ; s'y trouvait désormais seul Jean-Philippe Lauer qui, depuis plusieurs années, avait entrepris avec Jean Sainte-Fare Garnot le dégagement des fameuses Pyramides à textes, mises en évidence dans les années 1880 par Gaston Maspero. Le déblaiement des appartements funéraires du Pharaon Téti venait de commencer à livrer de nouvelles séquences de ces textes fameux, la plus ancienne littérature funéraire de l'histoire. Il convenait de pouvoir poursuivre cette œuvre si bien commencée : c'est-à-dire de s'installer à Sakkara quelques mois au cœur de l'hiver, quitte à doubler cours et conférences pendant le reste de l'année universitaire.

Sans doute ne mesurais-je pas bien alors dans quelle énorme entreprise je m'engageais, qui allait absorber jusqu'à ce jour une grande partie de mes forces. D'année en année, la Mission archéologique française de Sakkara – la MAFS – s'étoffa : Mlle Catherine Berger, pionnière de l'expédition, fut vite rejointe par Mlle Isabelle Pierre, dessinatrice, et par l'architecte Audran Labrousse. Nos objectifs prirent de l'ampleur : après le dégagement de l'intérieur de la Pyramide de Téti et la copie des textes recueillis, ce fut le tour du complexe funéraire de son successeur Pépy Ier et le dégagement de l'intérieur de la Pyramide de Mérenrê.

Inoubliable demeure pour moi l'après-midi où, parcourant le secteur Sud du plateau de Sakkara en compagnie de J.-Ph. Lauer, nous nous glissâmes dans la Pyramide de Pépy Ier demeurée à l'abandon depuis les temps lointains de Maspero. Après avoir progressé avec d'infinies précautions dans la rocaille et les blocs obstruant la descenderie et le long couloir d'accès, nous parvînmes à l'orée de l'antichambre. Sous les énormes poutres de pierre du couvrement en équilibre très instable, l'appartement funéraire était encombré d'amas monstrueux de pierrailles et d'énormes blocs enchevêtrés provenant d'une gigantesque destruction ; lors de nos premières reconnaissances, à la faible lueur de nos lampes,

Fig. 19 – Les étendues mornes du plateau de Sakkara.

l'atmosphère était celle d'une caverne aux trésors, digne de *Vingt mille lieues sous les mers*. De-ci, de-là, apparaissaient des éléments d'inscriptions : le but de notre investigation. Mais l'on se devait de procéder avec une extrême prudence, tant étaient grands les risques d'effondrement ; tandis que se poursuivaient le déblaiement et l'évacuation des blocs et fragments, il fallait effectuer de longs et puissantes travaux de soutènement. Durant de très nombreuses campagnes des milliers de fragments furent recueillis portant des vestiges d'inscriptions ; si certains blocs étaient de dimensions importantes, la plupart en revanche ne présentaient que quelques signes ; la copie et l'assemblage de cet extraordinaire matériel épigraphique permit de reconstituer d'énormes puzzles (fig. 20). Au fur et à mesure se poursuivaient l'identification et l'interprétation des textes.

A ce travail s'était peu à peu ajouté le déblaiement de l'immense temple funéraire qui s'appuie sur le côté Est de la Pyramide de Pépy Ier ; un soin particulier fut apporté à la consolidation et à la présentation de ce magnifique ensemble, unique jusqu'à présent pour la période de la

Fig. 20 – J.-Ph. Lauer et J. Leclant devant la paroi Est de la chambre funéraire de Pépy Iᵉʳ, en cours de reconstitution.

fin de l'Ancien Empire. Se posait évidemment la question de savoir où se trouvaient les sépultures des épouses de ce souverain ; seraient-elles déjà dotées de Textes des Pyramides, comme l'avaient été plus tard les reines de Pépy II ? Le concours des techniciens de l'Électricité de France et de leurs méthodes électromagnétiques nous permit en 1988 de localiser les vestiges de la nécropole des reines (fig. 21). Depuis, de campagne en campagne, se sont révélés leurs noms jusqu'à nous totalement inconnus : Noubounet, Inenek/Inti, Mehaa, Meritites, Nedjeftet, avant que ne soient dégagés finalement les restes des sépultures de deux sœurs homonymes Ankhnespépy II et Ankhnespépy III.

C'est seulement au terme de bien longues années de travail, à la fin de mars 2000, peu après que j'eus quitté la direction effective de la MAFS, confiée désormais à Audran Labrousse, que nous était donnée la joie suprême : les parois de la chambre funéraire d'Ankhnespépy II, épouse successivement de Pépy Ier et de Mérenrê, mère-régente de Pépy II, se révélèrent couvertes des séquences des Textes des Pyramides (fig. 22-23) : la première reine à avoir été l'égale complète d'un roi, promue à l'éternité avec tous les prestiges d'un Pharaon. A ces révélations de terrain devaient s'ajouter dans l'été 2001 la sortie des presses de l'Institut français du Caire des deux magnifiques volumes qui offrent l'ensemble des textes de la Pyramide de Pépy Ier, œuvre collective, sous ma direction, de Catherine Berger-el Naggar, Isabelle Pierre-Croisiau et Bernard Mathieu. Ainsi près de quarante ans d'un labeur inlassable de la Mission archéologique française de Sakkara a été nécessaire pour aboutir à ce double résultat majeur : la publication intégrale des Textes des Pyramides conservés dans l'appartement funéraire de Pépy Ier et la découverte de la nécropole des reines de la fin de l'Ancien Empire ; un énorme effort doit encore être mené pour publier l'ensemble des résultats acquis et, en même temps, poursuivre et compléter l'œuvre entreprise.

Deux de ceux qui se sont distingués au premier rang de l'entreprise de la MAFS, l'architecte Audran Labrousse et le directeur de l'Institut français d'Archéologie orientale Bernard Mathieu, ont bien voulu se charger de vous entretenir des problèmes majeurs – des résultats acquis comme des perspectives d'avenir – que posent tant les Textes des Pyramides que les installations funéraires des reines de Pépy Ier. Personnellement, je tiens seulement à souligner l'atmosphère de coopération franco-égyptienne si sympathique du chantier de la MAFS et à insister sur le souvenir d'amitié que je conserve des rapports avec les

Fig. 21 – Fouilles de la nécropole des reines de Pépy Iᵉʳ. Fragment d'un vase en calcite décoré d'une tête de faucon.

hautes autorités qui se sont succédé à la tête du Service des Antiquités de l'Égypte devenu le Conseil suprême de l'organisation des Antiquités (depuis Gamal Mokhtar jusqu'au professeur Gaballa Aly Gaballa), les directeurs et les inspecteurs du site, les troupes de villageois encadrés par leurs reis, avec à leur tête le reis Hussein brandissant sa baguette, dans des attitudes véhémentes. C'est leur aide constante qui a soutenu ma passion et celle de mes collaborateurs durant tant d'années d'efforts, de soucis et de réussites.

Pendant que se poursuivait la magnifique aventure sakkarote, la tâche ne m'avait pas manqué à Paris même. Dès le départ, le doyen et mes collègues de la Sorbonne tout comme les autorités du ministère des Affaires étrangères avaient bien voulu accepter mon plan de travail — et en particulier la répartition de mes activités entre le terrain et mes devoirs de professeur. Mon bureau, fort exigu, se situa longtemps dans l'étonnant Institut d'Art et d'Archéologique de la rue Michelet, cette

FIG. 22 – Découverte du sarcophage au fond des vestiges de la tombe
de la reine Ankhnespépy II.

FIG. 23 – Le couvercle du sarcophage de la reine Ankhnespépy II.

sorte de grande mosquée en briques rouges, qui domine le jardin menant au Luxembourg ; puis je gagnai la Sorbonne elle-même, rue Saint-Jacques. Mes collègues ct amis André Chastel, Pierre Demargne, Gilbert Picard étaient tout aussi agréables qu'érudits ; les étudiants, certes très nombreux, m'apportaient de grandes satisfactions. Soudain ce fut mai 1968 ; je dus afficher sur ma porte : « Égyptologie, en grève active », ce qui signifiait en fait que l'égyptologie, tant bien que mal, persistait dans son travail, à peu près régulier. Après les « évènements », ce furent désormais d'interminables réunions, des « parlottes » sans fin, la multiplication des travaux dirigés, le développement inconsidéré de séances d'initiation − pour une multitude d'étudiants dont les rapports avec l'égyptologie en tant que discipline de recherche étaient plus que lointains.

Aussi ne rêvais-je que plus ardemment de « traverser la rue Saint-Jacques », c'est-à-dire, en langage universitaire, de passer de la Sorbonne au Collège de France. La chance, une nouvelle fois, me favorisa. En 1979, au départ à la retraite de Georges Posener, une élection triangulaire me fit entrer dans ce temple de la science. Au Collège de France, de nouveau, comme à Strasbourg, je disposais d'un véritable institut : une bibliothèque, un secrétariat, des auditeurs de haut niveau, le temps pour me consacrer au terrain et aux rapports avec les collègues étrangers. Mes conférences et mes séminaires furent voués essentiellement à l'étude des Textes des Pyramides et à des recherches sur l'Empire méroïtique : d'une part les travaux menés à Sakkara, tant à la Pyramide de Pépy Ier qu'à celle de Mérenrê, ne cessaient à chaque campagne de fournir de nouveaux textes ; d'autre part le méroïtique continuait à retenir mon attention, encore que, malgré l'application des procédures de l'informatique, je commençais à désespérer d'avancer un jour dans le déchiffrement de ces textes énigmatiques. Cependant ma réflexion sur la place de l'Égypte au sein des cultures africaines était, par moments, revivifiée par la fréquentation de jeunes Africains, des Dakarois principalement : Aboubacry Lam, Babakar Sall ; il s'agissait pour moi quelquefois de les engager à ne pas céder aux thèses extrêmes de Cheikh Anta Diop, que je connaissais bien, charmeur autant qu'il pouvait être violent − en 1969, à l'invitation de Lucien Paye, alors recteur avant d'y devenir ambassadeur, je m'étais rendu à Dakar pour un long mois de séminaire, avant de poursuivre par les Universités du Ghana et du Nigeria. J'avais aussi des conversations enrichissantes avec Hampaté Ba et Théophile Obenga, comme avec mes amis français africanistes : Germaine Dieterlin, les Lebeuf ou Théodore Monod. Si le Nil coule effectivement en Afrique et si la culture pharaonique

présente maint trait propre aux civilisations africaines, on ne saurait
cependant parler d'une « Égypte nègre », comme vient encore de le faire
Martin Bernal dans un ouvrage très contesté : *Black Athena*.

Avec l'aide de Gisèle Clerc, je poursuivais aussi la publication des
rapports annuels des *Orientalia*, ainsi qu'un inventaire commencé dès les
années 40 sur les Isiaca – c'est-à-dire essentiellement les vestiges des cultes
isiaques – répandus dans l'ensemble du monde méditerranéen, et plus
particulièrement en Gaule ; quatre volumes d'un *Inventaire bibliographique
des Isiaca* parurent chez Brill entre 1972 et 1991. Dans la
perspective de ces ouvertures vers des problèmes autres que ceux de la
pure égyptologie, il me faudrait indiquer que j'ai été appelé pendant
quinze ans (de 1973 à 1988) à succéder à André Parrot (lui-même successeur de Cl.-A. Schaefer), au poste passionnant de Secrétaire général
de la commission des fouilles au ministère des Affaires étrangères. J'ai été
amené aussi, plus tard à présider aux Célébrations nationales – occasion
de magnifier le rôle scientifique de l'Expédition d'Égypte, l'œuvre
géniale de Jean-François Champollion, les travaux des grands initiateurs
que furent Auguste Mariette et Gaston Maspero.

Parmi toutes ces activités, qui ont été pour moi fort enrichissantes,
je voudrais pour finir vous relater comment, dans les dernières semaines
de 1989, me fut donné le privilège de vivre une dernière grande expédition, dans une zone particulièrement grandiose de la Vallée du Nil,
demeurée pour ainsi dire *terra incognita*, celle de la IVᵉ cataracte ; le grand
fleuve y trace une immense boucle Nord-Est/Sud-Ouest, c'est-à-dire
qu'il y coule en sens inverse de sa direction habituelle. Le Soudan pro-
jetant de construire en cette région un ou plusieurs immenses barrages,
l'UNESCO proposait d'y mener une prospection d'ensemble : du côté
soudanais l'entreprise fut conduite par le Dr Osama-el-Nour, un
homme d'une étonnante énergie, de surcroît bien formé d'un point de
vue scientifique. D'un commun accord, le Soudan et l'UNESCO me
désignèrent comme expert, avec l'aide de Catherine Berger et Audran
Labrousse, qui m'ont accompagné dans tant de mes réalisations ainsi
que Jacques Montluçon chargé de la documentation photographique ;
nous explorâmes sur plus de 100 km la rive gauche du fleuve coupé de
prodigieux rapides, luttant avec une force terrifiante pour se frayer son
passage à travers de gigantesques barres de granit (fig. 24-28).
L'expédition était somptueusement organisée ; la colonne progressait
lentement d'un campement à l'autre, comme l'aurait fait une expédition
du XIXᵉ siècle, à ceci près qu'elle s'effectuait avec camions et jeeps et

FIG. 24 – Chenal du Nil à travers les granits de la IVe cataracte.

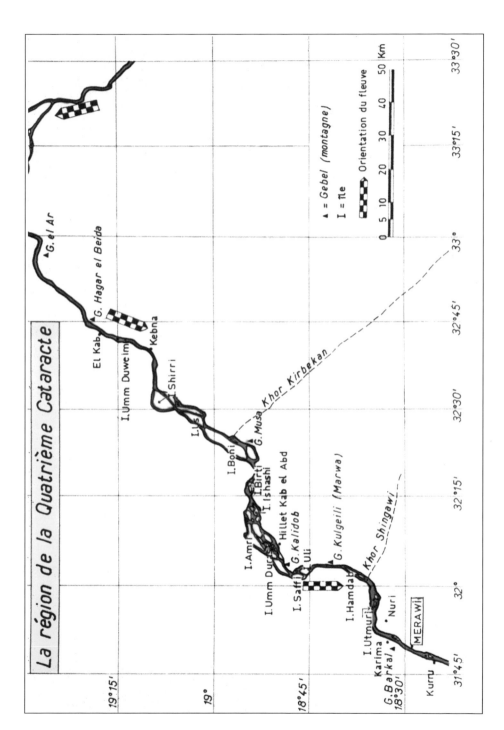

FIG. 25 – Plan de la zone de la IVe cataracte.

FIG. 26 – Au cœur de la IVᵉ cataracte.

FIG. 27 – Coucher de soleil sur le Nil dans la zone nord de la IVᵉ cataracte.

FIG. 28 – A l'étape dans la IVe cataracte, avec Audran Labrousse.

que, grâce aux moteurs, elle jouissait même de l'électricité. Le bilan a
été considérable des vestiges repérés : sites préhistoriques avec gravures
rupestres, témoignages de toutes les époques jusqu'aux ermitages chré-
tiens et aux forteresses de l'époque turque. Un rapport détaillé a été
remis aux autorités soudanaises et à l'UNESCO. Mais depuis, à l'exception
de quelques brèves incursions en cette zone d'archéologues courageux,
il n'y a malheureusement pas eu de suites.

    La prospection de la IVe cataracte a été ma dernière aventure au
long du Nil, encore que j'y sois revenu chaque année depuis pour de
plus brefs passages – et plus classiques ; j'ai continué à participer à la
réunion de la commission franco-égyptienne des temples de Karnak ;
grâce à l'amitié de mes collaborateurs et à la confiance du ministère des
Affaires étrangères, je suis resté, jusqu'à tout récemment, à la tête de la
Mission archéologique française de Sakkara ; je participe toujours au
Bureau de la Société française d'Égyptologie, je me rends aux congrès
et conférences internationales de l'égyptologie, de la nubiologie, des études méroïtiques ou isiaques. Mais depuis plusieurs années, occupé à la
rédaction d'ouvrages consignant les résultats de mes recherches majeu-
res, je tiens à transférer mes responsabilités aux collègues plus jeunes qui
veulent bien en recueillir la charge.

    C'est qu'ayant reçu en 1974 l'insigne honneur d'être élu membre
de l'Académie des Inscriptions et Belles-Lettres, j'en suis devenu en
1983 Secrétaire perpétuel. Le travail au Bureau de notre Compagnie et
dans le cadre plus large de l'Institut de France m'a apporté, je dois
l'avouer, de grandes satisfactions, même s'il m'a parfois trop soustrait à
ma passion pour la Vallée du Nil. Comment pourrais-je ne pas être heureux, dans le cadre inégalable du palais Mazarin, au Quai de Conti, de
me trouver confronté aux problèmes si divers que peut poser un des
pôles majeurs de la vie culturelle, à l'échelle française et mondiale. Parmi
ces joies, l'une des plus grandes a été de profiter de l'amitié du
Chancelier Édouard Bonnefous. Je lui exprime une nouvelle fois ainsi
qu'à mes confrères de l'Institut, à mes collègues égyptologues et à vous
tous ici présents ma reconnaissance pour l'occasion qui vient de m'être
offerte de me remémorer quelques-unes des expériences – certaines
fascinantes – qu'il m'a été donné de vivre en tant qu'égyptologue,
serviteur de toute mon âme des messages du pays par excellence de la
beauté suprême et de la sagesse, celui du Nil éternel.

                                                    Jean LECLANT

LES TEXTES DES PYRAMIDES.
BILAN ET PERSPECTIVES

Les pyramides ne sont pas muettes

Il est quelques scènes emblématiques, quasi légendaires, qui jalonnent la jeune histoire de l'égyptologie, comme le fameux « Je tiens l'affaire ! » que Jean-François Champollion lança à son frère en septembre 1822, alors qu'il venait de découvrir la clef de la lecture des hiéroglyphes, ou encore, exactement un siècle plus tard, en novembre 1922, le dialogue « Can you see anything ? – Yes, wonderful things ! » entre l'archéologue Howard Carter et son mécène Lord Carnarvon, dialogue échangé au seuil de l'antichambre du tombeau de Toutânkhamon.

Un peu moins célèbre peut-être, mais tout aussi chargée de pathos, est la prétendue annonce faite à Mariette par Gaston Maspero, revenant tout essoufflé du plateau de Saqqâra pour lui apprendre, sur son lit de mort, que sa « théorie des pyramides muettes » était désormais ruinée[1]. Certes, on a pu démontrer que la mise en scène théâtrale de ce démenti apporté *in extremis* à Mariette manquait beaucoup d'authenticité[2], mais il reste qu'en l'espace de quelques mois, de janvier à mai 1881, fut révélée sur le plateau désertique de Saqqâra-Sud, dans la nécropole memphite, l'existence de cinq pyramides à textes : successivement, celles des Pharaons Pépy Ier (fig. 29), Mérenrê, Ounas, Néferkarê-Pépy II (fig. 30) et Téti, tous souverains des Ve ou VIe dynasties (2500-

---

1. C'est la version de l'histoire rapportée notamment par L. Grinsell, *Egyptian Pyramids*, Gloucester, 1947, p. 84.
2. R. T. Ridley, « The Discovery of the Pyramid Texts », *Zeitschrift für ägyptische Sprache und Altertumskunde* 110, 1983, p. 74-80.

FIG. 29 – Chambre funéraire de la Pyramide de Pépy Iᵉʳ.

FIG. 30 – Chambre funéraire de la Pyramide de Mérenrê paroi Est.

2200 av. J.-C.)[3]. Déjà dépositaires de tant de signification historique et de charge symbolique, qui ne cessent d'inspirer les commentateurs, de manière plus ou moins heureuse, les pyramides de l'Ancien Empire s'avéraient ainsi receler un véritable trésor textuel. Non seulement elles offraient à la vue un spectacle majestueux, mais encore certaines d'entre elles parlaient.

Deux nouveaux concepts étaient nés en égyptologie : les pyramides à textes, et les Textes des Pyramides, désormais le plus ancien corpus religieux de l'humanité.

---

3. G. Maspero, *Les Inscriptions des pyramides de Saqqarah*, Paris, 1894.

Découvertes en chaîne[4]

Une deuxième série de découvertes intervint dans l'entre-deux-guerres, entre 1924 et 1936, lorsque l'égyptologue suisse Gustave Jéquier reprit l'exploration du secteur de Saqqâra-Sud[5]. Quatre nouvelles pyramides à textes apparurent. Les trois premières étaient celles de reines, trois épouses du Pharaon Néferkarê-Pépy II, nommées respectivement Oudjebten (dégagée en 1925-1926), Neit et Ipout (dégagées en 1931-1932), et dont les sépultures jouxtaient celle de leur époux. La quatrième, un peu plus au sud (dégagée en 1933-1934), était celle d'un roi jusqu'alors inconnu, Aba, qui avait régné au cours de la VIIIe dynastie, au sein de ce que les égyptologues nomment la Première Période intermédiaire. Ces nouvelles découvertes étaient particulièrement importantes, non seulement parce qu'elles apportaient de la matière textuelle supplémentaire, mais aussi parce qu'elles prouvaient que l'inscription de Textes des Pyramides sur les parois des appartements funéraires n'étaient pas un privilège réservé aux seuls Pharaons.

La logique de l'enquête incitait à rechercher des pyramides de reines inscrites avant le règne de Pépy II : ce fut l'un des principaux objectifs des campagnes de fouilles menées à partir de 1967 sur le complexe funéraire de Pépy Ier, sous la direction du professeur Jean Leclant, avec la collaboration du Service des Antiquités de l'Égypte, aujourd'hui Conseil suprême des Antiquités, campagnes particulièrement fructueuses dont va vous entretenir dans un instant M. Audran Labrousse, actuel directeur de la Mission archéologique française de Saqqâra[6].

---

4. Voir J. Leclant, « Les Textes des Pyramides », dans *Textes et langages de l'Égypte pharaonique, Hommage à J.-Fr. Champollion* (Bibliothèque d'Étude, 64/2), 1973, p. 37-52 ; Id., « Les Textes des Pyramides », *Saqqara, Dossiers d'Archéologie* 146-147, 1990, p. 60-65, repris dans *Saqqara. Aux origines de l'Égypte pharaonique*, Faton, Dijon, 1992, p. 62-67 ; Id., « Quand les pyramides se sont mises à parler », *Égypte. Afrique et Orient* 12, Centre vauclusien d'Égyptologie, Avignon, février 1999, p. 7-12 ; B. Mathieu, « Que sont les Textes des Pyramides ? », *ibid.*, p. 13-22.
5. G. Jéquier, *Douze ans de fouilles dans la nécropole memphite 1924-1936, Mémoire de l'Université de Neuchâtel* 15, Neuchâtel, 1940.
6. Sur les travaux de la MAFS dans la nécropole de la famille royale de Pépy Ier, on se reportera à la chronique annuelle de J. Leclant et G. Clerc, puis de J. Leclant et A. Minault-Gout dans la revue *Orientalia*.

Dans un recueil d'articles réunis en 1973 en hommage à Jean-François Champollion, le professeur Jean Leclant posait deux questions : « Les recherches amorcées aux environs des pyramides de Pépi Ier et de Mérenrê conduiront-elles à la découverte des pyramides de leurs reines ? En ce cas, celles-ci seraient-elles inscrites ? »[7] ; nous pouvons tous mesurer la satisfaction profonde, pas si fréquente dans le domaine de l'archéologie, qui doit être la sienne aujourd'hui de pouvoir répondre positivement à ces deux interrogations. Le 12 février 2000, en effet, les efforts de la Mission de Saqqâra étaient récompensés puisque sortait du sable, ce jour-là, le premier fragment en calcaire (numéro d'inventaire « AII 539 »[8]) (fig. 31) gravé des Textes des Pyramides de la reine Ânkhe-senpépy II, personnage historique de la fin de l'Ancien Empire qui fut tout à la fois ou successivement l'épouse de Pépy Ier, l'épouse de son successeur Mérenrê, la mère du successeur de Mérenrê, Néferkarê-Pépy II, et à ce titre régente du royaume d'Égypte. Son monument constitue désormais la dixième pyramide à textes connue[9].

Reconstitution et publication des textes

On ne soulignera jamais assez l'exceptionnel défi que releva Maspero en publiant, avec l'aide des relevés de Heinrich Brugsch, et en traduisant, presqu'immédiatement après leur découverte, les Textes des Pyramides mis au jour en 1880-1881. Aussi méritoire pourtant que fut ce travail, il ne pouvait marquer qu'un premier pas. Une étape fonda-mentale fut franchie lorsque l'égyptologue allemand Kurt Sethe livra en 1908-1910 une édition synoptique des textes[10], en utilisant les estampages

---

7. Dans *Textes et langages de l'Égypte pharaonique* (voir *supra*, n. 4), p. 42. Voir également C. Berger, « A la quête de nouvelles versions des Textes des Pyramides. A propos des reines de la fin de l'Ancien Empire », dans *Hommages à J. Leclant* (Bibliothèque d'Étude, 106/1), IFAO, Le Caire, 1994, p. 73-80.

8. Le fragment pourrait porter deux signes de la formule N665 A ou de la formule N666 B.

9. Voir V. Dobrev, A. Labrousse, B. Mathieu, avec des annexes de Fr. Jannot et A. Minault-Gout, « La dixième pyramide à textes de Saqqâra : Ânkhesenpépy II. Rapport préliminaire de la campagne de fouilles 2000 », *Bulletin de l'Institut français d'Archéologie orientale* 100, 2000, p. 275-296 et 33 fig.

10. K. Sethe, *Die altägyptischen Pyramidentexte*, 4 vol., Leipzig, 1908-1922, réimpr. Hildesheim, 1969.

FIG. 31 - Fragment de Textes des Pyramides d'Ânkhesenpépy II
(n° inv. AII 539).

de Maspero et ceux de la mission allemande d'Adolph Stein (fig. 32) : un bon nombre de formules, en effet, se retrouvent d'une pyramide à l'autre, généralement avec des variantes, et de leur comparaison systématique découle une meilleure compréhension. Cette édition synoptique reste aujourd'hui la seule, mais elle n'intègre pas la masse considérable de textes conservés *in situ* et de fragments apparus depuis.

A partir de 1951, avec des interruptions, Jean-Philippe Lauer et Jean Sainte-Fare Garnot, puis, à partir de janvier 1964, Jean-Philippe Lauer et Jean Leclant poursuivirent le dégagement de la Pyramide de Téti : plus de 700 fragments inscrits, de dimensions variées, furent recueillis. Dès 1967, la Mission archéologique française de Saqqâra commença à dégager la Pyramide de Pépy Ier : la moisson s'éleva à près de 2500 fragments[11]. A partir de 1971, ce fut au tour de la Pyramide de Mérenrê : on y recense aujourd'hui plus de 2000 blocs. Enfin, la fouille du caveau de la pyramide de la reine Ânkhesenpépy II a déjà révélé, en seulement deux campagnes, 2000 et 2001, près de 1200 fragments.

---

11. Mises au point régulières par J. Leclant ; voir notamment « État d'avancement (été 1979) de la recherche concernant les nouveaux textes des pyramides de Téti, Pépi Ier et Mérenrê », dans *L'Égyptologie en 1979, Axes prioritaires de recherches* II, Paris, 1982, p. 31-35 ; Id., « Mise au point sur le progrès de l'étude des nouveaux Textes des Pyramides de Saqqarah », dans *Akten… München 1985* (Studien zur altägyptischen Kultur, Beihefte 3), 1989, p. 171-181.

Pourquoi un tel éclatement, alors que certaines parois sont quasiment intactes ? L'explication couramment avancée est que les carriers du Moyen Âge, à la suite d'antiques pilleurs de sépultures, s'en sont pris aux murs non porteurs, à savoir les parois nord et sud des chambres funéraires et des antichambres, de même que les parois des vestibules et des descenderies.

Le long et patient travail collectif du plus grand puzzle de ce groupe, celui de Pépy Iᵉʳ, malgré, il faut l'avouer, la résistance obstinée d'un certain nombre de pièces, vient d'aboutir tout récemment, en septembre dernier, à une publication fort attendue, parue sous les presses de l'Institut français d'Archéologie orientale ; y ont travaillé, sous la direction du professeur Jean Leclant, Catherine Berger-el Naggar, Isabelle Pierre-Croisiau et moi-même (fig. 34)[12]. On peut considérer, sans prétention déplacée, que cette publication marque un moment-clef dans l'histoire de l'étude des Textes des Pyramides. En effet, la publication des textes en fac-similés et en photographies, accompagnée d'une analyse de chaque paroi avec mention de tous les parallèles connus, ne représente pas seulement un saut qualitatif dans le domaine éditorial, elle conditionne aussi, comme je voudrais le suggérer brièvement, la traduction et l'interprétation qui en est faite.

Traductions

Il existe à ce jour cinq ouvrages de traduction des Textes des Pyramides. J'ai déjà évoqué celui de G. Maspero, paru dans son ensemble en 1894, après une suite régulière de publications partielles sous forme d'articles. De 1935 à 1939, puis en 1962, de manière posthume, parurent les quatre volumes de l'*Übersetzung und Kommentar zu den altägyptischen Pyramidentexten* de K. Sethe. Enfin, après les égyptologues Louis Speelers[13], en 1935-1936, et Samuel A. B. Mercer[14], en 1952, Raymond

---

12. C. Berger-el Naggar, J. Leclant, B. Mathieu, I. Pierre-Croisiau, *Les textes de la pyramide de Pépy Iᵉʳ. Édition. Description et analyse* (Mémoires publiés par les membres de l'Institut français d'Archéologie orientale, 118/1-2), IFAO, Le Caire, 2001.
13. L. Speelers, *Les Textes des pyramides égyptiennes*, 2ᵉ éd., Bruxelles, 1935-1936.
14. S. A. B. Mercer, *The Pyramid Texts in Translation and Commentary,* 4 vol., New York-Londres-Toronto, 1952.

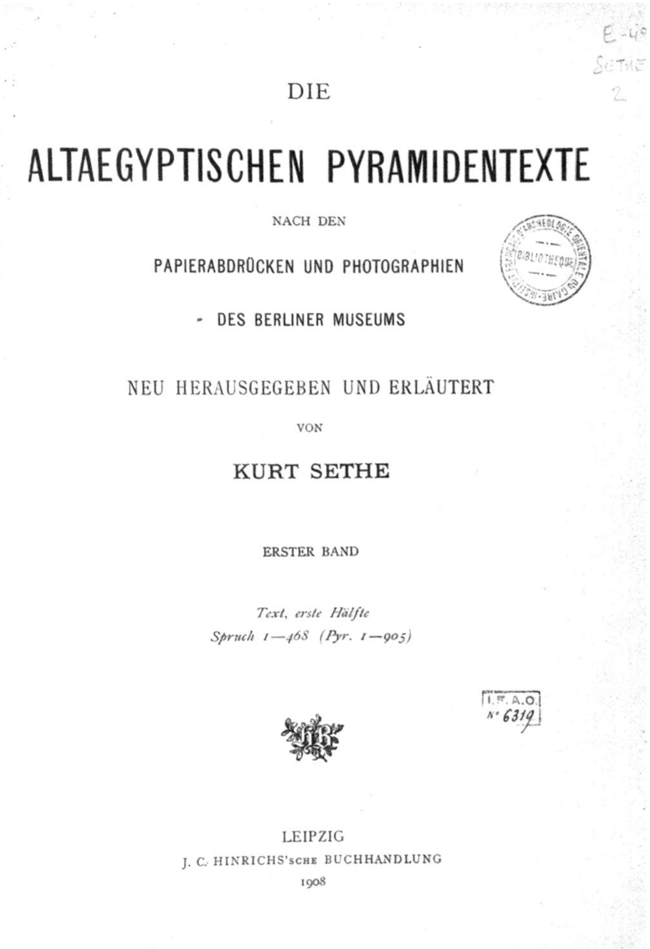

THE ANCIENT EGYPTIAN PYRAMID TEXTS

R.O.FAULKNER

DIE

ALTAEGYPTISCHEN PYRAMIDENTEXTE

NACH DEN

PAPIERABDRÜCKEN UND PHOTOGRAPHIEN

- DES BERLINER MUSEUMS

NEU HERAUSGEGEBEN UND ERLÄUTERT

VON

KURT SETHE

ERSTER BAND

Text, erste Hälfte

Spruch 1—468 (Pyr. 1—905)

LEIPZIG

J. C. HINRICHS'SCHE BUCHHANDLUNG

1908

FIG. 32 – Couverture de K. Sethe, *Die altägyptischen Pyramidentexte*, 4 vol., Leipzig, 1908-1922, réimpr. Hildesheim, 1969.

FIG. 33 – Couverture de R. O. Faulkner, *The Ancient Egyptian Pyramid Texts translated into English*, 2 vol., Oxford, 1969.

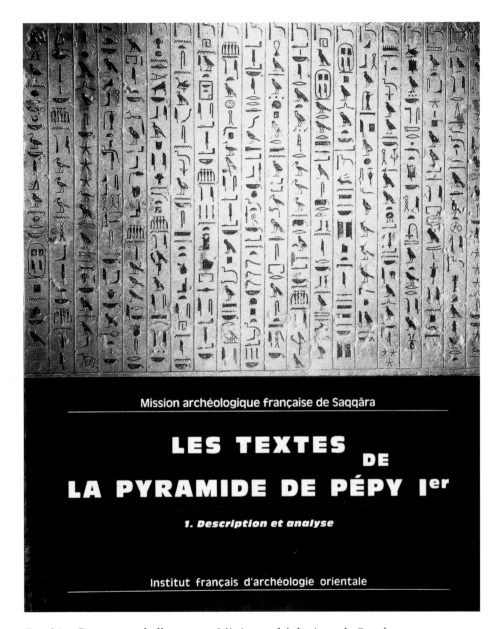

FIG. 34 - Couverture de l'ouvrage : Mission archéologique de Saqqâra, *Les textes de la pyramide de Pépy Ier*, sous la direction de Jean Leclant, 1, *Description et analyse*, par C. Berger-el Naggar, J. Leclant, B. Mathieu, I. Pierre-Croisiau, *MIFAO*, 118/1, IFAO, Le Caire, 2001.

O. Faulkner[15] donna une nouvelle traduction en anglais, en 1969, intégrant les apports nouveaux des fouilles de Jéquier, et qui demeure actuellement la plus récente (fig. 33).

Mais depuis la trentaine d'années qui nous séparent aujourd'hui de cette dernière traduction, trois données essentielles sont intervenues. La première découle de la reconstitution progressive des puzzles effectuée par l'équipe de la MAFS, qui apporte un supplément considérable de versions nouvelles et de formules nouvelles, augmentant d'autant le corpus de Sethe et de Jéquier. La deuxième est relative aux progrès de la connaissance dans le domaine de la morphologie, de la syntaxe et de la lexicographie égyptiennes[16] : on sait désormais, par exemple, comment analyser et traduire telle forme verbale pour laquelle plusieurs interprétations semblaient naguère possibles.

La troisième donnée est de nature méthodologique, et la meilleure façon d'en rendre compte est de citer l'égyptologue américain James P. Allen, l'un des meilleurs spécialistes actuels de ce corpus : (je traduis) « Parmi les innovations opérées par Jean Leclant dans son travail sur les Textes des Pyramides figure la pratique de numéroter les colonnes [de texte] de chaque pyramide selon la salle, la paroi et la colonne plutôt que de manière suivie : par exemple P/A/E 4 (pour Pépy Ier, antichambre, paroi est, colonne 4) au lieu de l'ancien P 208. Cela constitue une étape importante dans l'étude des Textes des Pyramides parce qu'elle reconnaît le rôle que joue la localisation physique dans le choix et la signification de chaque texte de la pyramide.»[17] C'est cette nouvelle approche spatiale, tridimensionnelle, que l'on pourrait qualifier d'authentiquement archéologique, qui permet désormais d'éviter de présenter au lecteur sceptique et incrédule – on le comprend – un roi défunt qui se lève et s'assied, va et vient, monte et descend, tel un pantin, au gré de formules arbitrairement ordonnées.

---

15. R. O. Faulkner, *The Ancient Egyptian Pyramid Texts translated into English*, 2 vol., Oxford, 1969 [avec le *Supplement of Hieroglyphic Texts*].

16. Depuis les ouvrages de E. Edel, *Altägyptische Grammatik* (Analecta orientalia, 34 et 39), Rome, 1955 et 1964, et C. E. Sander-Hansen, *Studien zur Grammatik der Pyramidentexte* (Analecta Aegyptiaca consilio Instituti aegyptologici Hafniensis edita, VI), Copenhague, 1956.

17. « Reading a Pyramid », dans *Hommages à J. Leclant* (Bibliothèque d'Étude, 106/1), 1994, p. 5.

L'interprétation spatiale

La prise en compte du contexte architectural ouvre à proprement parler une nouvelle voie, un nouveau champ d'analyse, exploré entre autres par James P. Allen[18], Gertrie Englund[19] et moi-même[20] ; elle assigne une « orientation » aux formules, et leur donne véritablement « sens ». On peut même affirmer qu'une bonne part de la difficulté qu'une réputation tenace attache aux Textes des Pyramides s'estompe à condition de les replacer dans leur cadre spatial d'origine. Je voudrais donner ici deux exemples.

Les Textes des Pyramides rassemblent en réalité différents sous-genres littéraires, et plusieurs types de formules, même si toutes, à leur manière, concourent à un objectif unique, qui est celui de permettre au défunt d'acquérir les qualités, les attributs et les auxiliaires indispensables à ses transformations successives au cours de son périple dans l'au-delà. On peut distinguer, pour simplifier, trois principales catégories de formules.

Les formules d'offrande ou formules « rituelles », tout d'abord, toujours présentes sur la paroi Nord de la chambre funéraire (fig. 35), grâce auxquelles le défunt est muni de tout le viatique nécessaire : libations, encens, céréales, pains, galettes, gâteaux, laitages, viandes, volailles, légumes, fruits, vins, bières, mais aussi onguents, fards, tissus, sceptres et arcs. Les formules « théologiques » ou « cosmographiques », ensuite, très longue séquence qui débute toujours au même point dans les dix pyramides à textes connues, sur la paroi Sud de la chambre funéraire, à l'aplomb du sarcophage (fig. 35), et qui commence par ces paroles désormais célèbres adressées au défunt : « Ô [roi], tu n'es pas parti mort, tu es parti vivant ! » ; c'est la formule du « grand départ », pour reprendre l'heureuse expression utilisée par Jean Leclant. Régénéré par les offrandes, doué

---

18. *Ibid.*, p. 5-28.

19. « La lumière et la répartition des textes dans la pyramide », *ibid.*, p. 169-180.

20. « La signification du serdab dans la pyramide d'Ounas. L'architecture des appartements funéraires royaux à la lumière des Textes des Pyramides », dans *Études sur l'Ancien Empire et la nécropole de Saqqâra dédiées à J.-Ph. Lauer*, C. Berger et B. Mathieu éd. (Orientalia Monspelliensia, IX), Université Paul-Valéry, Montpellier, 1997, p. 289-304 ; Id., « L'huissier, le juge et le greffier. Une hypothèse sur la fonction du serdab dans les pyramides à textes », *Méditerranées. Revue de l'Association méditerranées* 13, L'Harmattan, Paris, 1997, p. 11-28.

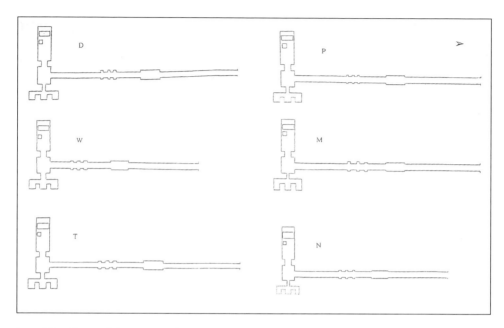

FIG. 35 - Plans schématiques des appartements funéraires des pyramides de Djedkarê-Isési (D), Ounas (W), Téti (T), Pépy Ier (P), Mérenrê (M) et Pépy II (N).

de vie, et par conséquent de mobilité, le roi peut alors véritablement entreprendre son parcours eschatologique.

Enfin, les « formules de protection », sorte d'incantations conjuratoires qui préservent le défunt de la menace d'un adversaire polymorphe – l'opposant politico-religieux – dont les représentations métaphoriques les plus fréquentes sont le serpent, le scorpion, le lion ou le taureau. Or il est particulièrement instructif d'examiner la disposition de ces formules conjuratoires. Chez Ounas, elles sont regroupées en deux endroits : W/A/E inf (plus exactement W/A/E sup 35-36 + W/A/E inf 1-25) et W/F/W[21] ; chez Téti, elles occupent la paroi T/A/E 1-27 ; chez Pépy

---

21. Les textes de W/F/W complètent en réalité ceux de W/A/E et ne se trouvent sur cette paroi que pour des raisons de place disponible : cf. B. Mathieu, « Les formules conjuratoires dans les pyramides à textes : quelques réflexions », dans *La magie en Égypte : à la recherche d'une définition, Actes du Colloque international du musée du Louvre, 29-30 septembre 2000*, La Documentation française-musée du Louvre, Paris, 2001, p. [1-22] et 7 fig. (sous presse).

Ier, P/A/E 22-42 ; chez Mérenrê, M/A/E 29-50, et chez Pépy II, N/A/E inf 41-64. En bref, ces formules figurent toujours au même emplacement, à savoir la paroi orientale de l'antichambre, que l'on peut désigner comme étant la façade du serdab (fig. 36). On en conclura qu'il existe une relation étroite entre ces formules et la protection de l'espace le plus sacré de cette architecture souterraine, assimilable au sanctuaire du dieu des morts Osiris – aussi nommé dans les Textes des Pyramides Khentyimentiou, Celui de Busiris, Celui de Nédit, le Vénérable, le Grand Dieu, Atoum, Rê, Nouou, ou encore Horus (l'Ancien). Voilà qui confère à ces textes une clé d'interprétation essentielle à leur compréhension.

Le second exemple est un passage qui fait allusion à un bloc fermant l'accès à un lieu mystérieux, dans lequel le défunt est censé se rendre. Le ritualiste s'adresse ainsi au roi : « Les portes du ciel sont ouvertes pour toi, les grands verrous sont tirés pour toi, le bloc de la Grande Tombe est retiré pour toi » (Spr. 355, § 572)[22]. Or ce texte, chez Téti comme chez Pépy Ier, ce ne peut être une simple coïncidence, est positionné exactement dans l'axe des deux passages des appartements funéraires (fig. 37) ; sa situation invite à identifier la *Grande Tombe* avec la demeure d'Osiris, représentée par le serdab, et le *bloc* avec les portes en bois ou le « bouchon » de calcaire qui obturait cette pièce dans toutes les pyramides.

La traduction de ce corpus exceptionnel doit bien sûr tenir compte d'une bibliographie pléthorique, qui s'enrichit chaque mois davantage[23]. Elle doit aussi tenter de reproduire les rythmes, sinon les harmonies, propres à la langue originale : Jean Leclant faisait allusion, en conclusion d'une de ses études sur les Textes des Pyramides, à une « foisonnante obscurité, traversée d'éclairs d'une poésie magique »[24], belle définition stylistique, qui nous engage désormais à circonscrire l'obscurité sans occulter la foisonnance. Mais la traduction doit avant tout respecter l'entité propre que représente chaque pyramide, la logique

---

22. Cette formule figure chez Téti (T/F/E inf 20-34 = T 156-170), Pépy Ier (P/F/E 20-21 = P 148-149), Mérenrê (M/F/E sup 44-50 = M 174-180), et Pépy II (N/F/E inf 41-44 = N 687-690).

23. Voir N. Guilhou, B. Mathieu, « Cent dix ans d'étude des Textes des Pyramides. Bibliographie », dans *op. cit.* (n. 20), Montpellier, 1997, p. 233-244. Une nouvelle bibliographie mise à jour sera donnée prochainement.

24. Dans *Textes et langages de l'Égypte pharaonique* (voir *supra*, n. 4), p. 52.

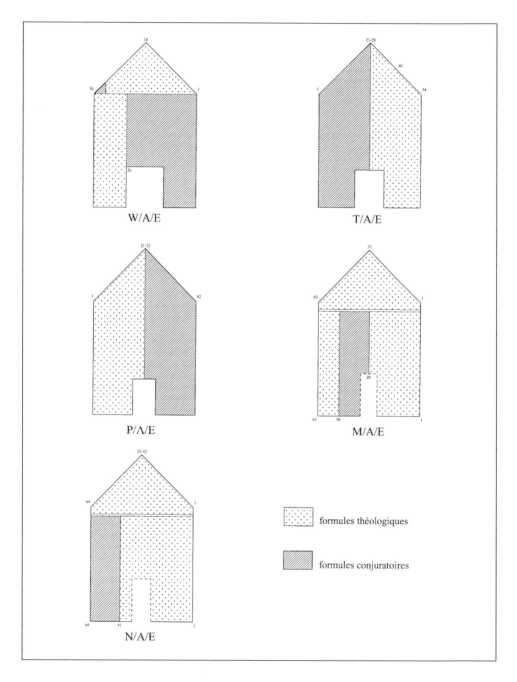

FIG. 36 – Répartition des formules conjuratoires sur les parois Est d'antichambre (Ounas, Téti, Pépy Ier, Mérenrê, Néferkarê-Pépy II).

FIG. 37 - Formule TP 355 (Téti : T/F/E inf 20-34 = T 156-170).

interne de son programme d'inscription, et l'identité spatiale de chaque formule.

Perspectives

La liste des tâches qui restent à accomplir dans le domaine de l'étude des Textes des Pyramides peut paraître impressionnante : poursuite de la publication des textes en fac-similés (ceux de Mérenrê, de Téti, et de Ânkhesenpépy II sont en cours), réexamen, et probablement, à terme, nouvelle édition des textes publiés par Gustave Jéquier (Pépy II, Neit, Ipout et Oudjebten), nouvelle édition synoptique de l'ensemble du corpus, traductions commentées, études paléographiques qui donneront des informations essentielles sur les différents systèmes graphiques en présence[25], établissement d'un index cumulé, et constitution d'un dictionnaire thématique qui ferait le point, sous forme de notices spécifiques, sur les multiples toponymes, théonymes, notions et réalités mythologiques rencontrés dans l'ensemble du corpus. Parallèlement, la réflexion doit avancer sur des problématiques de fond : les origines des Textes des Pyramides (leur rédaction n'est-elle pas antérieure à l'Ancien Empire ?), leur signification (s'agit-il seulement, et même fondamentalement, de textes funéraires), leur postérité (y a-t-il rupture qualitative avec les Textes des Sarcophages ?, ce dernier point ayant fait l'objet d'une table ronde qui s'est tenue tout récemment à l'Institut français d'Archéologie orientale du Caire[26]).

Le programme est vaste, mais parfaitement engagé, sur tous les fronts, et sur des fondements méthodologiques pertinents et solides. Le professeur Jean Leclant en a posé les rails ; je ne parle pas seulement des rails des wagonnets cabossés et sans âge qui évacuent inlassablement les sables et les déblais de fouille de Saqqâra, mais surtout de ceux qui permettent désormais de faire progresser et aboutir un TGV pour le XXIᵉ siècle, si je puis risquer ce sigle audacieux : je veux dire par là, bien sûr, le Travail d'un Grand Voyant[27].

Bernard MATHIEU

---

25. Voir en particulier I. Pierre, « La gravure des textes de la pyramide de Pépi Iᵉʳ, les différentes étapes », dans *Hommages à J. Leclant*, (Bibliothèque d'Étude, 106/1), 1994, p. 299-314 ; Ead., « Les signes relatifs à l'homme dans les Textes des Pyramides », dans *op. cit.* (n. 20), 1997, p. 357-364. Chez Pépy Iᵉʳ, par exemple, quatre systèmes sont à l'œuvre : grand module non détaillé, grand module détaillé, petit module détaillé, petit module non détaillé.
26. « Textes des Pyramides *versus* Textes des Sarcophages », 24-26 septembre 2001 ; les Actes en seront publiés sous les presses de l'IFAO.
27. *Le grand voyant*, ou *grand des voyants*, est le titre porté par le grand prêtre du temple d'Héliopolis, centre religieux d'où émane vraisemblablement la rédaction des Textes des Pyramides.

LA NÉCROPOLE DES REINES DE PÉPY Iᵉʳ

En collaboration avec le Service des Antiquités de l'Égypte, aujourd'hui Conseil suprême des Antiquités, le professeur Jean Leclant, Secrétaire perpétuel de l'Académie des Inscriptions et Belles-Lettres, fondait en 1963 la Mission archéologique française de Saqqâra. Le projet scientifique de cette mission était la recherche, l'étude et la publication exhaustive des Textes des Pyramides. Ce corpus, gravé sur les parois des appartements funéraires de certaines pyramides de la fin de l'Ancien Empire égyptien, est la plus ancienne des compositions funéraires de l'humanité. Il était destiné à permettre le passage et la renaissance de Pharaon dans l'éternité de l'au-delà. Parallèlement, la mission devait fouiller et restaurer les complexes pyramidaux des rois de la VIᵉ et dernière dynastie de l'Ancien Empire, tout en recherchant les pyramides perdues de leurs reines, qui s'ordonnent, plus petites, autour des tombeaux des rois. Ces pyramides s'élèvent sur le plateau de Saqqâra, la partie centrale de la nécropole de Memphis, la capitale de l'ancienne Égypte.

Les fouilles de la Mission archéologique française de Saqqâra sont concentrées actuellement autour du monument funéraire du Pharaon Méryrê/Pépy que nous appelons Pépy Iᵉʳ, le célèbre souverain de la VIᵉ dynastie qui régna vers 2300 av. J.-C. Pendant plus de vingt ans, de 1966 à 1988, à Saqqâra-Sud, la pyramide abritant le caveau gravé des Textes des Pyramides et le sarcophage du roi, puis, à l'est de la pyramide, le temple de son culte funéraire furent ainsi dégagés, étudiés et restaurés.

Autour du monument du Pharaon, restaient à exploiter plus d'une dizaine d'hectares de terrain dont on pouvait penser qu'ils recouvraient la nécropole de la famille royale. A la génération suivante, celle du Pharaon Néferkarê/Pépy II, les pyramides des reines, au pied de la sépulture du roi à l'extrême sud de Saqqâra, avaient déjà fourni, dans les années trente, de nouveaux lots de Textes des Pyramides. Qu'en était-il des reines des Pharaons antérieurs ?

Jusqu'à la découverte de leurs monuments en 1988 (fig. 38), à la suite d'une prospection géologique très pointue menée par l'Électricité de France, on ne savait quasiment rien des épouses de Pépy Ier et encore moins de leurs complexes funéraires. Seules deux sœurs, Ânkhnespépy I et Ânkhnespépy II, avaient laissé une trace dans l'histoire, l'une ayant donné naissance à Mérenrê Ier/Antiemsaf, le successeur direct de Pépy Ier, l'autre à Pépy II, le dernier souverain de la dynastie.

En dix campagnes de fouilles, ce sont quatre nouvelles épouses du roi Pépy Ier, disparues de l'histoire, qui retrouvent leur place dans la VIe dynastie avec les pyramides de Inenek/Inti et de Noubounet puis des mentions d'une reine Méhaa et d'une autre reine encore anonyme « épouse de Pépy Ier, fille aînée d'un roi ». S'y ajoutent les pyramides de deux autres reines postérieures : une épouse de Pépy II, Ânkhnespépy III, et celle d'un roi Néferkarê, Mérétitès II ; enfin sur des blocs épars sont apparues également des mentions d'une reine Nedjeftet dont l'époux reste inconnu.

Cependant, malgré l'exceptionnel intérêt historique des monuments mis au jour (fig. 39), aucun nouvel ensemble de Textes des Pyramides n'avait encore été repéré, lorsqu'en 1997 l'exceptionnelle découverte d'un énorme linteau en granit pesant près de 17 tonnes, gravé de la titulature de la célèbre reine-mère Ânkhnespépy II, mère de Pépy II, relança tous les espoirs. Le poids de cet élément laissait supposer la proximité immédiate du complexe funéraire de la reine-mère qui apparaissait bientôt avec la plus grande partie de son avant-temple.

On connaissait jusqu'alors Ânkhnespépy II (fig. 40) comme épouse du roi Pépy Ier et mère du roi Pépy II, le dernier souverain de l'Ancien Empire ; à la surprise générale, son monument nous révélait qu'elle fut également épouse de son neveu, le roi Mérenrê Ier, fils et successeur de Pépy Ier. Enfin, heureux aboutissement de tant d'années de patientes enquêtes, les recherches étaient spectaculairement couronnées de succès avec l'apparition au fond des appartements funéraires de la pyramide de la reine-mère des fragments des Textes des Pyramides qui décoraient autrefois les parois de son caveau (fig. 41).

Cette découverte d'une nouvelle pyramide à textes est tout à fait prodigieuse. Seules les pyramides de trois reines de la dernière génération de l'Ancien Empire avaient révélé jusqu'à présent des Textes des Pyramides, celles des reines Neit, Ipout II et Oudjebten. L'apparition de ces formules à la génération précédente, dans la Pyramide d'Ânkhnespépy II mère de Pépy II, est une révélation capitale. Pour la première

Fɪɢ. 38 – Restitution virtuelle par le Mécénat technologique et scientifique de l'EDF et la MAFS de l'ensemble funéraire du Pharaon Pépy Iᵉʳ et de la nécropole de la famille royale.

Fig. 39 – État de la fouille de la partie est de la nécropole des reines. En dépit des vicissitudes de l'histoire, ces monuments, vieux

FIG. 40 - Détail d'un bas-relief de la cour du temple funéraire de Ânkhenespépy II :
portrait de la reine-mère.

FIG. 41 - Fragment de Textes des Pyramides retrouvé dans les ruines du caveau
de la reine-mère Ânkhenespépy II. La couleur verte des signes, de la malachite
broyée, symbolisait l'apparition des jeunes pousses au printemps et participait
ainsi au désir obsédant de renaissance vigoureuse dans l'éternité de l'au-delà.

fois, une reine reçoit le privilège des Textes des Pyramides qui vont lui ouvrir les voies de l'éternité.

Jusqu'alors, la reine n'existait que par rapport au roi. A l'inverse du Pharaon contraint par sa nature divine, une reine témoigne toujours, dans sa tombe, de liens familiaux terrestres, reflets directs d'une hiérarchie sociale. Par ordre d'importance, la reine affirmera d'abord ses liens quant à sa descendance (« la mère du roi »), puis quant à son alliance (« l'épouse du roi ») et enfin, éventuellement, quant à son ascendance (« la fille du roi, de son corps »). Ces marqueurs sociaux sont indispensables pour comprendre la continuité monarchique. Le moindre fragment de texte concernant une reine devient essentiel pour tenter de mieux cerner un enchaînement historique.

Pendant toute la période de l'Ancien Empire, les reines seront enterrées soit sous de simples mastabas ou même des hypogées, soit sous des pyramides, monument royal par excellence à cette époque, sans que l'on puisse déterminer clairement les raisons de ce choix. C'est à la IVᵉ dynastie, à Gîza, sous le règne du roi Khéops, que des reines sont enterrées pour la première fois sous des pyramides flanquées de chapelles funéraires ; plus petites, elles sont construites à côté de celle de leur époux. Sur le même site, trois autres pyramides de reines seront édifiées au sud de celle du roi Mykérinos. A la Vᵉ dynastie, on en connaît encore trois sur le site d'Abousir. En revanche, aux mêmes époques, dix reines seront inhumées sous mastaba.

La mort de la reine n'était alors transcendée que par une survie limitée à l'espace de sa tombe et entretenue par les cérémonies de conservation de sa dépouille, le culte de ses statues et un rite funéraire associé à la mémoire de son nom.

Une forme d'immortalité pour la reine ne dépendait, comme pour tout le reste du corps social, que du bon vouloir du roi défunt qui pouvait s'il le désirait l'appeler auprès de lui dans l'éternité. Sujette du roi à perpétuité, la reine va s'employer progressivement, à travers l'architecture de son tombeau, à affirmer les liens qui l'unissent à son époux. A la IVᵉ dynastie, si les épouses de Khéops possèdent une pyramide, la chapelle de culte ne diffère guère de celles des particuliers. La protection de la voûte céleste, privilège royal, apparaîtra sur les bas-reliefs de la tombe de Khamerernebty Iᵉʳᵉ, fille de Khéops, épouse de Khéphren et mère de Mykérinos. A la Vᵉ dynastie, avec l'adjonction à sa pyramide d'une pyramide satellite, la reine Khentkaous II atteindra un statut véritablement royal pour sa tombe. Ainsi, progressivement, le complexe funéraire de la reine va tendre, toutes proportions gardées, à imiter celui du roi, mais sans jamais s'en approprier entièrement l'architecture ou le programme décoratif.

La dernière étape, capitale, sera franchie à la VIe dynastie, lorsque pour la reine Ânkhnespépy II les Textes des Pyramides, privilège royal par excellence, seront gravés sur les parois du caveau.

Mais enfin est-ce bien en tant qu'épouse royale que Ânkhnespépy II a bénéficié des Textes des Pyramides ? La personnalité de cette reine, épouse de deux rois, mère d'un troisième et régente du royaume pendant l'enfance de son fils, en a fait une femme de premier plan à cette époque. L'ampleur de son monument, bien des caractères du tombeau inciteraient à envisager qu'elle ait pu être enterrée quasiment en roi.

Les fouilles menées à la nécropole de la famille royale de Pépy Ier devraient permettre d'accroître encore nos connaissances sur une période très mal connue de l'histoire égyptienne, à la fin de la VIe dynastie, la dernière de l'Ancien Empire, juste avant la Première Période Intermédiaire qui va voir bousculées les valeurs fondamentales des Pharaons. A la fin du règne du roi Pépy II, fils d'Ânkhnespépy II, la première révolution sociale et religieuse de l'histoire va balayer l'âge d'or de l'époque des pyramides. La poursuite des fouilles du tombeau de la reine-mère Ânkhnespépy II et de l'ensemble des monuments funéraires de la nécropole de la famille de Pépy Ier est particulièrement prometteuse pour tenter d'éclaircir cette période de mutation où une nouvelle classe sociale après avoir acquis le droit à l'expression va conquérir le pouvoir au début d'un nouveau millénaire.

Sans la volonté et l'érudition constructive du professeur Jean Leclant, sans son action obstinée pendant tant d'années où il a toujours su entourer son équipe de sa protection charismatique, rien de cette belle aventure dans la nécropole de la famille royale de Pépy Ier n'aurait été concevable.

Audran LABROUSSE

SOLEB

Évoquer Soleb, c'est ouvrir une fenêtre sur un site, des monuments et une documentation uniques, et sur presque vingt années d'une aventure scientifique et humaine, dont je sais la place qu'elle tient, aujourd'hui encore, dans le cœur et dans l'esprit de notre Maître, après que les premiers acteurs en ont disparu, et au moment où les résultats vont en être enfin connus du public savant, grâce à l'appui de l'Institut français d'Archéologie orientale.

Soleb est une aventure humaine, autant au cours des vingt années de terrain que des vingt-trois années suivantes, qui nous conduisent de la disparition foudroyante de Michela Schiff Giorgini jusqu'à ce jour. Acteur tardif de cette entreprise scientifique, je n'ai d'autre titre à pouvoir l'évoquer que les liens qui m'unissent à la fois à notre Maître et aux deux êtres qui, associés à lui, sont devenus les gardiens du souvenir de cette femme qui a su mener cette gageure et s'attacher tous ceux qu'elle y a entraînés : Gilberte et Nathalie Beaux. C'est au patient travail d'éditeur de Nathalie qui, depuis plus de dix ans, prépare avec un dévouement filial la publication des quatre volumes qui viendront compléter la belle série de *Soleb*, que je dois de connaître un peu mieux, et le site, et cet extraordinaire personnage qu'était Michela Schiff Giorgini (fig. 42). Pour avoir aussi mis mes pas dans les siens et dans ceux de Jean Leclant et de Clément Robichon à Soleb, lors d'une campagne de collation des relevés, effectuée en novembre 1994.

Premiers occupants de la maison de fouilles depuis sa fermeture définitive en 1977, nous avons réellement eu l'impression, Nathalie et moi, dans le silence paisible de ce petit village, loin de tout au bord du Nil, de renouer un fil qui venait juste de se rompre. Le témoignage des villageois, des anciens ouvriers, qui sortaient, avec des yeux brillants d'émotion, de vieux portefeuilles craquelés la photo de la « Dame de

Fig. 42 – Portrait de Michela Schiff Giorgini.

Soleb » nous la rendait encore plus proche. Et le site, dont on aurait pu croire que les fouilleurs l'avaient quitté la veille, nous montrait l'extraordinaire qualité du travail qui y avait été mené, campagne après campagne, tandis que nous suivions, à travers notes et manuscrits, le patient mécanisme de reconstitution et d'assemblage qui donne les clefs de ce temple sans pareil.

Lorsque Michela Schiff Giorgini entreprit en novembre 1957 la fouille de Soleb, sous le patronage de l'Université de Pise, elle associa au projet Clément Robichon, que son passé de fouilleur de monuments d'Amenhotep III, tout particulièrement à Karnak, dans le cadre de l'Institut français d'Archéologie orientale, désignait plus que quiconque. Il mit toute son intelligence à la fouille, au dégagement et à la reconstitution des monuments, travaillant en étroite collaboration avec elle et les deux épigraphistes qui se sont succédé dans la mission. Michela Schiff Giorgini avait, en effet, fait appel au départ à Jozef Janssen, qui était alors professeur à l'Université d'Amsterdam. Dès la quatrième campagne, l'abbé Janssen, qui ne pouvait plus quitter son pays pour les longues campagnes soudanaises, qui duraient chaque année d'octobre à mars, fut remplacé par Jean Leclant, alors professeur à l'Université de Strasbourg.

Ainsi était constituée l'équipe qui mena à leur terme les fouilles de Soleb et entreprit, à partir de 1963, celles de Sedeinga, poursuivies jusqu'à aujourd'hui par Jean Leclant et son équipe. Très vite, le chantier de Soleb devient un modèle à la fois scientifique et humain dans un Soudan alors peu fréquenté par les étrangers, surtout dans des lieux aussi sauvages que ces confins de la IIIe cataracte, aujourd'hui encore peu touchés par les signes extérieurs de la modernité. L'accueil qui y était réservé aux collègues et aux visiteurs est resté légendaire, tout comme la méthode de travail mise en œuvre sur ce terrain difficile est demeurée, elle, exemplaire.

Les fouilles ne se sont pas, en effet, cantonnées à un seul aspect du site. Elles ont pris en compte tous ses éléments, ainsi que son environnement. C'est certainement grâce à cette perspective d'ensemble adoptée dès le départ que l'interprétation qui naît au fil des travaux est si juste et si claire.

La cinquantaine de tombes de la nécropole de la XVIIIe dynastie donnent, à travers la richesse de leur mobilier, une idée de l'importance du site et de sa place dans le dispositif politique égyptien en Nubie voulu par Amenhotep III. Miroir de bronze incrusté d'or et d'électrum, gracieuse cuillère à fard, bijoux, amulettes… Un délicat vase thériomorphe représentant une guenon serrant un sac de noix doum, qui en provient, est aujourd'hui l'emblème de la fondation à la mémoire de Michela Schiff Giorgini, que préside notre Maître.

Un tiers du cimetière méroïtique est également étudié, mais aussi une nécropole préhistorique, des ensembles de gravures rupestres, situés au Gebel Gorgod, ainsi que la piste qui relie Soleb à Sesebi. Les fouilleurs mettent également en évidence, à quelque distance du site, dans le désert, les vestiges d'un dispositif très original de pieux plantés en terre et consolidés par des amas de cailloux, de façon à tendre des filets et qui, très vraisemblablement, constituait un parc, probablement destiné à accueillir les lions de la chasse royale.

Car l'ensemble du site est construit autour d'Amenhotep III et de sa fête jubilaire. Il serait plus juste de dire « l'ensemble *des* sites ». Si, en effet, l'intérêt de l'équipe se porte sur Sedeinga, distant d'une quinzaine de kilomètres, c'est que l'implantation voulue par Amenhotep III dans ce territoire si anciennement humanisé constitue un dispositif composite, dont Ramsès II saura retenir l'exemple plus tard, lorsqu'il fera ériger, à son tour, son grand complexe nubien d'Abou Simbel. Comme Soleb autour du temple d'Amenhotep III, Sedeinga s'organise autour de celui de son épouse, la reine Tiy, fournissant ainsi la première affirmation monumentale du couple politique royal.

La fouille exemplaire du temple (fig. 43 à 47) a permis de mettre en évidence ce qui n'est attesté nulle part ailleurs : l'élaboration, année après année, du projet jubilaire d'Amenhotep III, patiemment analysé et reconstitué, à l'image de l'anastylose qui est menée sur le terrain. Trente-deux étapes de construction sont ainsi suivies, à la trace pourrait-on dire. Elles montrent la minutie extraordinaire d'un processus, étalé sur les vingt-huit années de règne qui doivent conduire le souverain à son jubilé, puis achevé dans les quatre années qui suivent.

La stratigraphie du temple, éventré à l'avant par la creuse d'un puits arabe, privé de son sanctuaire arraché par une crue à Basse Époque, est suivie, à travers ces deux coupes naturelles, mais aussi par une série de sondages qui retracent construction et remplois.

Les textes et les représentations qui ornent murs et colonnes offrent, eux aussi, une documentation rare et originale. Les célébrations de la fête *sed* y sont représentées, avec un luxe de détails inconnu ailleurs. Le professeur Leclant en a donné une analyse dans ses cours du Collège de France ; la publication désormais proche des reliefs et de leur commentaire les rendra bientôt accessibles au public scientifique. De même que les extraordinaires listes géographiques qui ornent les fûts des colonnes de la salle hypostyle, et dont il m'a généreusement abandonné l'étude et la publication.

Au-delà de l'apport unique de Soleb à la compréhension des célébrations de la fête jubilaire royale, le dispositif conçu par Amenhotep III jette une lumière également toute nouvelle à la fois sur notre connaissance de l'implantation égyptienne en Nubie à la XVIIIe dynastie et sur

Fɪɢ. 43 – Soleb : le temple vu du nord.

Fɪɢ. 44 – Soleb : l'arrière du temple.

FIG. 45 – Jean Leclant et Clément Robichon dans le secteur IV.

Fɪɢ. 46 – Jean Leclant dans le secteur IV.

FIG. 47 – Soleb : l'axe du temple, vu depuis le secteur IV.

le fonctionnement de ce que l'on a pu appeler parfois « l'empire » égyptien.

Les découvertes récentes, et en particulier celles de Charles Bonnet, conduisent à réviser en profondeur l'idée que l'on se faisait, il y a encore une vingtaine d'années, des relations qui existaient alors entre l'Égypte et la Nubie. Soleb montre que, pour Amenhotep III, cette zone constituait une frontière d'empire. Le mouvement vers Sesebi de son successeur, Amenhotep IV, qui y fait ériger, à son tour, un temple dont les vestiges laissent supposer une structure comparable, conforte cette impression.

A Sesebi, Amenhotep IV suit l'exemple de son père, entre autres en décorant les colonnes de la salle hypostyle – et probablement les murs, comme le laissent penser deux fragments de parois de Soleb – de ces fameux « écussons », dont chacun représente un État ou une cité, de façon à dresser une carte du monde, tel qu'il s'organise dans le système égyptien.

Il n'est pas indifférent que ces cartes n'apparaissent en trois dimensions que dans ces deux temples, situés à la limite méridionale de l'empire, et destinés tous deux – du moins on peut le supposer pour celui que projetait Amenhotep IV, si l'on en est certain pour Amenhotep III – à témoigner du pouvoir de l'Égypte. Lieux d'affirmation par excellence du pouvoir royal à travers le couronnement jubilaire, ils deviennent, celui-ci consommé, temple du roi divinisé, qui se dresse à la frontière, protecteur et garant de l'univers qui lui a été confié. Ils sont alors réorganisés, voire partiellement reconstruits, comme celui de Soleb, de façon à devenir temples de culte divin, mais sans rien oublier du parcours qui les a conduits à cette transformation.

L'isolement des lieux, le caractère désertique de la région ont permis que soient conservés ces vestiges uniques. D'autres installations égyptiennes, du même type, ont probablement existé, au moins aux autres limites d'empire que les anciens Égyptiens ressentaient comme telles. Peut-être les rives de l'Euphrate ont-elles, un temps, abrité plus que des stèles frontières ? Peut-être, existe-t-il, dans les successions de palais royaux que dégage l'équipe du professeur Manfred Bietak à Tell ed-Dabba', un « Soleb du nord » ?

Même si Soleb n'est pas le lieu le plus méridional sur lequel ait travaillé le professeur Leclant, je pense que l'on peut le considérer comme l'une des limites de son empire, à lui. Une de ces nouvelles frontières qu'il a su donner à notre discipline, en nous permettant par là l'accès au Soudan des Égyptiens, mais aussi à celui des Méroïtes et, encore plus loin, à la porte qui s'ouvrait ainsi sur l'Afrique.

Nicolas GRIMAL

LES CULTES ISIAQUES EN GAULE

Contrairement aux autres intervenants, je ne suivrai pas les rives du Nil et vous conduirai plutôt vers les berges moins exotiques du Rhône, de la Saône ou de la Garonne.

En 1952, un article du *Bulletin trimestriel de la Société académique des Antiquaires de la Morinie*, édité à Saint-Omer – une revue rarement lue par les égyptologues, vous en conviendrez -, présentait un oushebti fragmentaire en « faïence » émaillée découvert dans une carrière à Blendecques (Pas-de-Calais) (fig. 48). Ce modeste témoignage des coutumes funéraires égyptiennes ne devait pas échapper à la sagacité et à la curiosité de Jean Leclant. Le chanoine G. Coolen, auteur de l'article, accepta de lui communiquer un moulage et des photographies de l'objet.

Intrigué, Jean Leclant entreprit alors une véritable enquête sur la diffusion des cultes, des influences et du matériel égyptiens hors de la vallée du Nil. Ses résultats seront publiés dans le *Bulletin français d'Archéologie orientale* 55, Le Caire, 1956, p. 173-179, fig. 1, sous le titre suivant : « Notes sur la propagation des cultes et monuments égyptiens en Occident à l'époque impériale », des recherches que le professeur Leclant ne devait plus jamais abandonner et qui restèrent un pôle d'intérêt majeur tout au long de sa carrière.

L'article du *BIFAO* venait à point pour relancer un thème d'étude quelque peu délaissé, à la fois par les égyptologues et par les hellénistes. On se souvenait de la thèse magistrale de Georges Lafaye soutenue en 1883 et rééditée en 1884[1] ; il y eut aussi les pages de synthèse de Jules

---

1. G. Lafaye, *Histoire du culte des divinités d'Alexandrie. Sérapis, Isis, Harpocrate et Anubis hors de l'Égypte depuis les origines jusqu'à la naissance de l'école néo-platonicienne* (Bibliothèque des Écoles françaises d'Athènes et de Rome, 33), Paris, 1884, 342 p., avec fig.

Toutain, publiées en 1911[2], et celles de Franz Cumont[3] ; on n'oubliait pas non plus les articles d'Émile Guimet[4], rassemblant de nombreux objets égyptiens ou égyptisants exhumés en France.

Après une longue période de désaffection, l'article de Jean Leclant, paru en 1956 dans le *BIFAO*, marqua une véritable reprise des études isiaques en France, tout comme les publications du grand érudit Andreas Alföldi, celles de Klaus Parlasca en Allemagne et celles de Vilmos Wessetzky en Hongrie. A partir de 1964, le professeur Leclant, nommé directeur d'études à l'École pratique des Hautes Études à Paris (V[e] section), fut chargé d'un enseignement relatif à la « Diffusion des cultes égyptiens », des séminaires durant lesquels ces thèmes étaient longuement débattus et abondamment commentés. La collection des « Études préliminaires aux religions orientales dans l'Empire romain », créée par le regretté Martin Vermaseren et éditée chez Brill à Leiden, contribua également à la relance des enquêtes sur la diffusion des cultes égyptiens en fournissant aux chercheurs un cadre idéal pour leurs publications. C'est dans cette série que le professeur Leclant et moi-même avons publié les quatre volumes de l'*Inventaire bibliographique des Isiaca, Répertoire analytique des travaux relatifs à la diffusion des cultes isiaques, 1940-1969*, travail qui sera poursuivi désormais par Laurent Bricault.

Le modeste oushebti de Blendecques (fig. 48) n'était pas oublié pour autant. Le professeur Leclant confia à plusieurs de ses étudiants, à Strasbourg d'abord, puis à Paris, des sujets de mémoires de maîtrise relatifs à l'implantation des dieux du cercle isiaque et à l'importation des objets égyptiens dans notre pays. Après ces enquêtes qui permirent de dresser un premier état de la question, l'objectif de Jean Leclant était d'établir un corpus de tous les témoignages exhumés en France. Ce fut pour moi un privilège et une expérience passionnante d'être chargée par le professeur Leclant de la rédaction de cette publication qui paraîtra bientôt sous le titre suivant : *Culte isiaque et aegyptiaca dans la France antique*.

Grâce au commerce grec, quelques objets égyptiens ou égyptisants

---

2. J. Toutain, *Les cultes païens dans l'Empire romain*, Ière partie. *Les provinces latines*, II. *Les cultes orientaux* (Bibliothèque de l'École pratique des Hautes Études, Sciences religieuses, 25), Paris 1911, p. 34 sq.

3. F. Cumont, *Les religions orientales dans le paganisme romain*, 4e éd. 1929, p. 69-94 et 230-248.

4. É. Guimet, « Les isiaques de la Gaule », *Revue archéologique*, 1900, I, p. 75-86, avec fig. ; 1912, II, p. 197-210, avec fig. ; 1916, 1, p. 184-210, avec fig.

étaient parvenus dans le Sud de la France dès la période pré-romaine. Cependant, c'est au début du Ier siècle ap. J.-C. que les dieux égyptiens ont pénétré dans le Sud de la France par les ports de la côte méditerranéenne, mais aussi par les routes venant d'Italie du Nord, celles du littoral et celles des vallées alpines. Leur progression vers le nord et vers l'ouest emprunte les grands axes fluviaux, couloir rhodanien, Saône, Garonne, Loire, Seine et les voies romaines qui les jalonnent, comme le montre la répartition géographique des témoignages. La grande vogue des dieux égyptiens sur le territoire français se situe au IIe siècle, mais les documents sont encore abondants au IIIe siècle.

Les sites qui ont livré des témoignages isiaques sont le plus souvent de grandes villes, des ports ou des centres commerciaux fréquentés par des marchands, des étrangers, souvent des affranchis d'origine gréco-orientale. Il s'agit aussi de centres religieux, liés parfois à des eaux curatives.

Aucun temple n'a été retrouvé lors de fouilles archéologiques, cependant les témoignages épigraphiques révèlent qu'Isis avait des sanctuaires à Arles, Nîmes et Grenoble ; en outre, certains indices plaident en faveur de l'existence d'un temple à Lyon et d'un autre à Vienne ; malgré l'absence de preuves, il est plausible de songer également à Marseille. On peut supposer que les autres divinités isiaques, en particulier Sérapis, parèdre d'Isis, étaient vénérées dans ces sanctuaires aux côtés de la déesse, comme le montre une inscription de Nîmes[5].

Les inscriptions isiaques recueillies sur le sol français - plus d'une vingtaine de documents - soulignent la prédominance d'Isis sur son parèdre. Les dédicaces, qui s'échelonnent de la fin du Ier au IIIe siècle ap. J.-C., s'adressent généralement à Isis ; Sérapis y est rarement cité et, dans ce cas, son nom apparaît derrière celui de son épouse. Un unique document, à Melun en Seine-et-Marne, est consacré au seul Sérapis (*SIRIS* 748). En revanche, le dieu est bien attesté par les représentations.

A l'inverse de son époux, Isis disposait d'un clergé spécialisé. Un ex-voto à Isis provenant de Nîmes émane d'une « coiffeuse-habilleuse attachée au temple » (*ornatrix fani*), manifestement chargée d'habiller et de coiffer la statue de la déesse (*SIRIS* 731). Des pastophores d'Isis sont attestés à Arles (*SIRIS* 726). Quant aux *pausarii* de la cité (*SIRIS* 727), ils étaient chargés de rythmer les processions isiaques en organisant des

---

5. L. Vidman, *Sylloge Inscriptionum Religionis Isiacae et Sarapiacae*, Berlin, 1969, n° 728 (= *SIRIS*).

haltes (*pausae*) devant des reposoirs, ce qui suppose une vie liturgique bien organisée et une sorte d'officialisation du culte isiaque en Arles (fig. 49). Des anubiaques mentionnés à Nîmes (*SIRIS* 734) et un anubophore à Vienne (*SIRIS* 742), rarement attestés dans le monde romain, suggèrent la vitalité et la diversification du clergé et des associations isiaques dans certaines villes de la Gaule romaine.

Les noms de plusieurs dédicants trahissent une origine gréco-orientale (comme à Lyon) et servile - par exemple à Nîmes avec un esclave (*SIRIS* 729) et trois affranchis (*SIRIS* 730, 734 et 735). Il est indéniable que les Gréco-Orientaux, affranchis, esclaves et marchands, ont joué un rôle important dans l'implantation du culte isiaque en Gaule dès le début de l'Empire, mais les noms à nomenclature latine des autres témoignages épigraphiques révèlent que les dieux égyptiens ont recruté aussi leurs adeptes parmi la population autochtone romanisée. On ne décèle en tous cas aucune incitation émanant des milieux officiels romains.

Les dédicaces à Isis exhumées sur le sol français apportent un certain éclairage sur la personnalité de la déesse dans notre pays. Elle est invoquée sous le vocable de *Regina* à Lunax en Haute-Garonne (*SIRIS* 743), ainsi qu'à Die dans la Drôme (*SIRIS* 739), d'*Augusta* à Nîmes (*SIRIS* 730), à Manduel dans le Gard (*SIRIS* 735) et à Lyon (*SIRIS* 745). Ces épiclèses, fréquentes dans le monde romain, font allusion à la toute puissance et à la souveraineté d'Isis. Quant à l'épiclèse de *Victrix*, qui apparaît sur l'autel de Lunax, elle fait peut-être référence à la victoire sur les forces du mal et de la mort grâce à l'initiation isiaque.

La déesse égyptienne est attestée dans notre pays par de nombreuses représentations figurées. Mais curieusement, seules deux statues d'Isis y ont été exhumées à ce jour - on peut s'étonner en particulier de leur absence dans des centres isiaques comme Nîmes ou Arles. L'une a été découverte en 1841 à Metz, en Moselle ; la seconde a été mise au jour dans les ruines de la grande villa gallo-romaine de Chiragan, à Martres-Tolosane en Haute-Garonne. La même villa de Chiragan a livré une effigie de Sérapis en très haut-relief accompagné de Cerbère et une statue d'Harpocrate, fils d'Isis et de Sérapis, dieu jeune de la triade isiaque ; ces sculptures avaient probablement orné un laraire de ce riche domaine terrien.

Isis est principalement attestée en France par de nombreux petits objets, bustes, statuettes en bronze (fig. 50-51) ou en terre cuite, lampes, médaillons d'applique de vases, etc.

FIG. 49 – Inscription probablement recueillie aux
Alyscamps, Arles (Musée de l'Arles antique,
n°inv. FAN 92.00.55).

FIG. 48 – Oushebti de Blendecques.

Elle a été surtout prisée en Gaule pour son rôle de déesse-mère, protectrice de la maternité et de l'enfance. La dédicace d'un autel à *Isis mater* à Seyssinet-Pariset, dans la proche banlieue ouest de Grenoble (*SIRIS* 741), est unique dans le monde romain et pourrait suggérer un rapprochement entre Isis et les *matres* gauloises. Comme les mères gauloises, représentées par de nombreux témoignages de ferveur populaire, toute une série de statuettes exhumées en France figurent Isis allaitant Horus-Harpocrate ; la plupart sont des petits bronzes de style égyptien traditionnel (fig. 51).

Un autre aspect de la déesse particulièrement apprécié en Gaule fut celui d'Isis-Fortuna, dispensatrice de richesses, de fécondité et d'une vie heureuse, mais aussi guide de la destinée des fidèles qui acceptaient de placer leur confiance en elle. De nombreuses statuettes mises au jour en France, des bronzes généralement, attestent ce type iconographique qui présente la déesse sous sa forme hellénisée, vêtue du chiton et de l'himation, couronnée du *basileion*, portant la corne d'abondance dans le bras gauche et retenant le gouvernail de la dextre.

Quelques représentations d'Isis-Fortuna découvertes en France empruntent des attributs à d'autres divinités, comme les ailes de Niké-Victoria (fig. 50). Ce type iconographique d'Isis-Panthée correspond au succès grandissant du syncrétisme de la déesse, dont on trouve l'écho dans la dédicace d'un autel votif de Soissons à Isis *Myrionyma* et à Sérapis, qui date du IIe ou du début du IIIe siècle (*SIRIS* 749).

Isis est volontiers représentée avec son parèdre, allusion à son rôle d'épouse aimante et fidèle, garante des unions heureuses. Déesse protectrice de la famille, elle est figurée avec Sérapis et Harpocrate sur bon nombre de documents de notre pays. Anubis est fréquemment intégré dans le cercle de la famille isiaque.

Sérapis n'est pas toujours représenté avec sa compagne. Bien des documents figurés qui le montrent seul témoignent de sa vogue auprès des Gallo-Romains : nous avons déjà évoqué le haut-relief de la Villa de Chiragan ; il est encore attesté par des statuettes, des têtes, des bustes, des intailles, des médaillons d'applique. Quelques représentations tardives témoignent de son assimilation à Hélios-Sol, comme la belle tête en bronze de la Villa de Montmaurin en Haute-Garonne (IIIe ou début IVe siècle). Une statuette du mont Auxois en Côte-d'Or suggère une identification avec un dieu guérisseur autochtone, le dieu aux oiseaux.

En effet, Isis et son époux étaient appréciés pour leurs qualités de guérisseurs ; des témoignages de dévotion proviennent de stations ther-

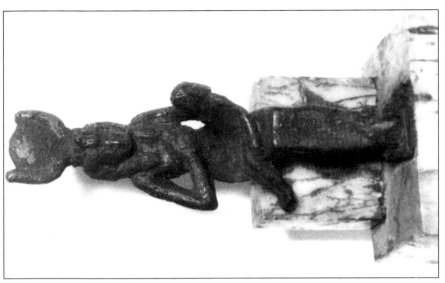

FIG. 51 – Statuette en bronze d'Isis Lactans, Vitry-en-Perthois. Musée Garinet à Châlons-en-Champagne, n° inv. 899-11-619.

FIG. 50 – Statuette en bronze d'Isis-Panthée, Dun-sur-Auron. Musée du Berry à Bourges, n° inv. 971.19.10.

males, comme Vichy et Néris-les-Bains dans l'Allier, ou de sanctuaires liés à des sources et à des eaux curatives ; n'oublions pas non plus une dédicace de Grenoble consacrée à Esculape par le gardien du temple d'Isis (*SIRIS* 740).

Des petits bronzes d'Osiris et des oushebtis de type égyptien traditionnel, parfois recueillis dans des tombes, semblent traduire les préoccupations eschatologiques de certains Gallo-Romains qui faisaient confiance aux dieux égyptiens pour assurer leur survie dans l'au-delà.

Jean Leclant a souvent rencontré Isis durant sa carrière, par exemple à Karnak, puis en Nubie. C'est peut-être elle, Isis *Myrionyma*, la déesse aux dix mille noms, maîtresse du destin, qui a guidé ses pas si loin du Nil, vers la Gaule romaine, pour ressusciter un aspect un peu méconnu de notre Antiquité.

Gisèle CLERC

LES VERRERIES DE SEDEINGA

Les belles heures d'amitié et de joie passées à Soleb, durant des années d'activités scientifiques intenses, ont été souvent évoquées avec émotion. Plus de vingt ans après la disparition de Michela Schiff Giorgini, la générosité chaleureuse de l'accueil de toute l'équipe de Soleb, les résultats étonnants obtenus sur le terrain, ont nourri en Nubie un beau mythe, celui de la « Dame Giorgina » entrée dans la légende comme une bienfaisante fée locale. C'est à elle que l'on doit la véritable découverte de Sedeinga[1].

Tout naturellement, Michela Schiff Giorgini, Clément Robichon et Jean Leclant avaient entrepris, dès 1963, une reconnaissance du site, où les rares voyageurs qui s'étaient aventurés au XIXe siècle sur la rive gauche du Nil avaient déjà attiré l'attention sur un petit édifice très ruiné, dédié à la reine Tiy, la grande épouse d'Amenhotep III, le « roi-soleil », constructeur du temple de Soleb, 15 km plus au sud. Dans les amoncellements informes qui s'étendaient à l'ouest des ruines pharaoniques, on avait cru repérer autrefois les pauvres vestiges d'un village copte.

Les enquêtes menées sur le site par l'équipe de Michela Schiff Giorgini ont montré que s'y étendait en réalité une vaste nécropole méroïtique. La mission consacra cinq campagnes à l'étude d'une butte un peu à l'écart, à l'extrémité ouest. Là, furent mis en évidence les vestiges de huit installations funéraires en brique crue groupées autour d'une pyramide aux dimensions plus imposantes, élevée en blocs de schiste noir.

---

1. Sedeinga se trouve au cœur d'un bassin pauvre, difficile à atteindre, à 20° 33 de latitude Nord, sur la rive gauche du Nil entre IIIe et IIe cataracte. Cf. J. Leclant, « Sedeinga », *Lexikon der Ägyptologie* V, 5, 1984, col. 780-782.

La plupart de ces tombes surmontées de pyramides de briques crues avaient abrité au moins deux inhumations successives, la dernière attestée en surface par une seconde petite pyramide bloquant l'accès initial au tombeau, et surtout par les vestiges humains ou par les restes de l'équipement funéraire, sévèrement pillé comme c'est malheureusement le cas la plupart du temps en Nubie. Grâce à une fouille particulièrement minutieuse, de précieux documents ont pu néanmoins être recueillis[2] : une belle collection de bagues-cachets, insignes de pouvoir dans la civilisation de Méroé, des bijoux, de petits Osiris de bronze traduisant d'évidentes relations avec le puissant voisin égyptien du Nord, et surtout une magnifique collection de verreries exceptionnelles.

Bien connus dans les sépultures royales ou princières méroïtiques, et probablement importés d'Égypte, une belle série de flacons en verre tronconiques à longs cols (fig. 52) a contenu sans doute autrefois des huiles parfumées, suffisamment précieuses pour qu'on ait transporté ces flacons dans des coffrets de bois incrustés d'ivoire, où ils étaient calés soigneusement grâce à un chemisage de fibres végétales, comme on le faisait encore récemment pour les crus de vins réputés.

Une des tombes (W T8) a livré à elle seule vingt et un récipients en verre, complets ou magistralement reconstitués par Clément Robichon, et au moins encore sept autres dont la forme n'a pu être précisée. Une simple énumération permet de saisir leur diversité : une coupe caliciforme brun violacé transparente avec le pied et les anses blanc opaque (fig. 53) ; une autre coupe du même type, mais incolore et transparente, avec un décor incisé ; une lampe à huile ; un flacon aryballe de grandes dimensions transparent à décor incisé sur la panse ; deux flûtes à pied gravées d'anneaux parallèles ; une autre flûte transparente vert clair ; cinq gobelets « gigognes » ; une carafe à anse ; une coupelle en verre mosaïqué ; deux plats ; plusieurs bols, transparent incolore, brun-violacé ou encore blanc opaque ; un vase à corps globulaire brun-

---

2. Cf. M. Schiff Giorgini, « Première campagne de fouilles à Sedeinga, 1963-1964 », *Kush* XIII, 1965, p. 112-130 ; Ead., dans *Kush* XIV, 1966, p. 244-258 ; J. Leclant, « La nécropole de l'Ouest à Sedeinga en Nubie soudanaise », *Comptes rendus de l'Académie des Inscriptions et Belles-Lettres*, 1970, p. 246-276, 19 fig. et les chroniques annuelles dans la revue *Orientalia*.

FIG. 52 – Flacons de verre recueillis dans les tombes du secteur Ouest de Sedeinga.

FIG. 53 – Coupe et bols provenant de la tombe W T8 de Sedeinga.

violacé, orné à l'épaule d'une large bande de pastilles incisées (fig. 54) reproduisant jusqu'au décor un type très répandu de jarre à bière méroïtique en poterie grossière.

Mais les plus célèbres des verreries découvertes dans cette tombe sont les deux magnifiques flûtes en verre bleu peint et doré, avec une inscription au sommet (fig. 55), qui ont été exceptionnellement réunies à Paris, à l'Institut du Monde arabe pour l'exposition des trésors du Soudan en 1997[3], puisque l'une est désormais conservée au musée national de Khartoum et l'autre dans les collections de l'Université de Pise. Hautes de 20 cm, elles ont un diamètre à l'ouverture de 6 cm. Elles ont été retrouvées, écrasées en plusieurs centaines de fragments, de part et d'autre et même au-dessous d'un muret de briques qui fermait l'appartement funéraire au bas du couloir descendant creusé dans le rocher. Osiris, assis sur un trône, y accueille une théorie de porteurs d'offrandes alors qu'une inscription en grec court au-dessus de la scène. Ces deux flûtes témoignent clairement d'un usage funéraire qu'on commence à bien connaître en Nubie, celui d'une libation en l'honneur du défunt à l'issue des funérailles. Libation de vin sans doute, si l'on en croit l'inscription au sommet : « Bois et tu vivras », une formule promise à un grand avenir dans le monde chrétien.

Dès le 25 juin 1966, Jean Leclant avait prononcé à la Société Ernest-Renan une communication publiée la même année dans le *Bulletin de la Société*[4] : « Usages funéraires méroïtiques, d'après les fouilles de Sedeinga (Nubie soudanaise) ». En 1970, c'est à l'Académie des Inscriptions et Belles-Lettres qu'il présente « La nécropole de l'Ouest de Sedeinga »[5]. Au colloque international de nubiologie de Varsovie en 1972, il montre un aperçu des verreries découvertes sur le site[6]. En 1973

---

3. *Soudan, royaumes sur le Nil,* sous la direction de D. Wildung, Paris, Institut du Monde arabe, 1997, n° 436 et 437, p. 364-367.

4. J. Leclant, « Usages funéraires méroïtiques d'après les fouilles de Sedeinga (Nubie soudanaise) », *Bulletin de la Société Ernest-Renan* 15, 1966, p. 12-17 ; Id., « Usages funéraires méroïtiques d'après les fouilles de Sedeinga (Nubie soudanaise) », *Revue de l'Histoire des Religions* CLXXI, n° 437, janvier-mars 1967, p. 120-125.

5. Id., *art. cit.* (n. 2).

6. Id., « Les verreries de la nécropole méroïtique de l'Ouest à Sedeinga (Nubie soudanaise) », *Nubia, récentes recherches, Actes du colloque nubiologique international,* Musée national de Varsovie, 1975, p. 85-87, 8 pl. (19 fig.).

FIG. 54 - Reproduction en verre brun-violacé d'une jarre à
bière méroïtique, provenant de la tombe W T8 de Sedeinga.

enfin, il fait paraître aux États-Unis, dans le *Journal of Glass Studies*[7], un
panorama des verreries découvertes que complètera en 1991 une note
technique de Robert H. Brill[8] dans la même revue[9].

  Si le matériel de Sedeinga est donc bien connu désormais, nombre
de questions restent encore sans réponse. Comment expliquer la
concentration dans une seule tombe d'une telle quantité de verreries de
cette qualité ? Comment dater avec précision cette inhumation dans les

7. Id., « Glass from the Meroitic Necropolis of Sedeinga (Sudanese Nubia) », *Journal of Glass Studies* 15, 1973, p. 52-68, 17 fig.
8. R. H. Brill, « Scientific Investigations of some Glasses from Sedeinga », *ibid.* 33, 1991, p. 11-27.
9. A signaler aussi H. E. M. Cool, « Sedeinga and the glass vessels of the Kingdom of Meroe », *Association internationale pour l'Histoire du Verre, Annales du 13e Congrès, 28 août-1er septembre 1995,* 1996, p. 201-212.

Fig. 55 - Flûte en verre bleu peint et doré provenant de la tombe W T8 de Sedeinga.

limites de l'Empire méroïtique, si mal connu, dont on a arbitrairement fixé la naissance avec le déplacement de la nécropole royale de Napata à Méroé au IIIe siècle av. J.-C. et qu'on suppose disparu vers le Ve siècle de notre ère. A Sedeinga, les tombeaux ont été pillés, souvent à plusieurs reprises, et parfois réoccupés. La sépulture W T8, de loin la plus riche en matériel de verre, est datée désormais, selon toute probabilité, du milieu voire de la seconde moitié du IIIe siècle de notre ère, par la mise en parallèle du matériel retrouvé avec celui connu en Égypte ou dans le monde méditerranéen. Pourtant la présence d'une coupe en verre mosaïqué dans cette même tombe est bien troublante. Elle aurait été ailleurs jusqu'à présent caractéristique des Ier siècles av. ou ap. J.-C.[10]. Quelques objets reproduisent des thèmes décoratifs ou des pièces méroïtiques : certaines productions pourraient-elles être locales, bien qu'on n'ait pas encore retrouvé d'atelier de verrier au Sud de la Ière cataracte ? On pourrait soupçonner des albums de modèles, classiques ou plus innovants, circulant avec des artisans itinérants venus jusqu'en Nubie attirés par la réputation de la cour de Méroé, où étaient censées s'entasser les richesses mythiques de l'Afrique.

S'agit-il de « cadeaux diplomatiques », Sedeinga jouant le rôle d'une sorte de douane, de passage obligé au sud des pistes contournant la IIe cataracte pour rejoindre l'Égypte et le monde méditerranéen ? Rare point assuré de l'histoire méroïtique, deux ambassades, que conduisit le vice-roi Abratoye, seront envoyées au milieu du IIIe siècle de notre ère par le souverain méroïtique Teqorideamani auprès de Rome, à Assouan donc, où se tenaient les représentants de l'Empire. Abratoye est relativement bien connu grâce à la découverte d'une stèle et d'une table d'offrandes[11] à son nom[12] par Jean Leclant, plus au nord en basse Nubie, sur le site de Tômâs[13], pendant les campagnes de sauvetage

---

10. Mais des découvertes toutes récentes dans les oasis égyptiennes conduiraient désormais à nuancer ces datations.

11. Cf. en dernier lieu Cl. Carrier, « La stèle méroïtique d'Abratoye (Caire, J.E. n° 90008) », *Meroitic Newsletter* 28, novembre 2001, p. 21-53, avec, p. 39 : « Annexe : Rapport sur la découverte de la stèle et de la table d'offrandes méroïtiques de Tômâs », par Jean Leclant.

12. J. Leclant, C. Berger-el Naggar, Cl. Carrier, Cl. Rilly, *Répertoire d'Épigraphie méroïtique* (=*REM*), Paris, Académie des Inscriptions et Belles-Lettres, 2000, REM 1088 que complète le fragment REM 0321. La stèle et la table d'offrandes proviennent en fait de Karanog.

13. J. Leclant, « Rapport préliminaire sur la mission de l'Université de Strasbourg à Tômâs, 1961 », *Fouilles en Nubie*, 1959-1961, Service des Antiquités de l'Égypte, Le Caire, 1963, p. 17-25, 8 pl. (15 fig.) ; Id., « Tômâs », *Lexikon der Ägyptologie* VI, 4, 1985, col. 628-629.

des monuments submergés par la montée des eaux du lac Nasser. A Méroé, la tombe du roi Teqorideamani[14] contenait plusieurs amphores méditerranéennes dont une provenant de Tubusuctu en Maurétanie Tingitane (l'actuelle Tunisie)[15]. Pourquoi au milieu du IIIe siècle, tant de marques concrètes d'échanges entre le monde romain et Méroé, alors que l'on constate un désintérêt progressif de Rome pour la Nubie qui conduira Dioclétien à reporter officiellement à Assouan la frontière de l'Empire ? Faut-il mettre ce matériel en relation avec les fêtes organisées pour le millénaire de Rome en 248, où Philippe l'Arabe aurait exhibé dix girafes dans les spectacles de l'amphithéâtre, parmi d'autres animaux exotiques symbolisant le triomphe de l'Empire romain sur les pays lointains. Ces dix girafes promenées à Rome témoignent de toute évidence, pour cette époque au moins, de bonnes relations entre la Nubie méroïtique et l'Empire romain. Les girafes en effet ne pouvaient provenir que d'Afrique par l'intermédiaire de l'Empire méroïtique, comme l'a rappelé récemment dans un article magistral Paul-Louis Gatier[16]. Au cours des millénaires, les girafes[17] figurent régulièrement dans le tribut (fig. 56) livré par la Nubie à l'Égypte. Dans le recueil consacré aux gravures rupestres par le général P. Huard et Jean Leclant[18], plusieurs planches présentent des « girafes tenues en longe » qui pourraient bien faire allusion à la capture des animaux avant leur exil vers les pays du Nord[19]. Une gravure signalée à Tômâs par Jean Leclant[20] rappelle peut-être un événe-

---

14. D. Dunham, *Royal Cemeteries of Kush*. IV, *Royal Tombs at Meroë and Barkal*, Boston, 1957, p. 185-189, Beg. N. 28.

15. J. Desanges, « L'amphore de Tubusuctu et la datation de Teqerideamani », *Meroitic Newsletter* 11, 1972, p. 17-21.

16. P.-L. Gatier, « Des girafes pour l'empereur », *Topoi* 6/2, 1996, p. 903-941, 5 fig.

17. Sur le rôle de la girafe dans l'Égypte pharaonique en particulier dans les processions (celle qui annonce, qui proclame), cf. Chr. Cannuyer, « Brelan de "pharaons": Ramsès XI, Thoutmosis III et Hatshepsout », dans *Studies in Egyptology Presented to Miriam Lichtheim*, vol. I, S. Israelit-Groll éd., Jérusalem, 1990, p. 98-115.

18. J. Leclant, P. Huard, *La culture des chasseurs du Nil et du Sahara* (Mémoires du Centre de Recherches anthropologiques, préhistoriques et ethnographiques, XXIX), Alger, 1980, 2 vol.

19. En particulier les fig. 149 et 150.

20. J. Leclant, « Rapport préliminaire sur la mission de l'Université de Strasbourg à Tômâs, 1961 », *Fouilles en Nubie*, 1959-1961, Service des Antiquités de l'Égypte, Le Caire, 1963, fig. 5, pl. III. Cf. également J. Leclant, P. Huard, *op. cit.* (n. 17), fig. 108, 1.

FIG. 56 – La girafe défilant dans le tribut nubien ; tombe de Houy, Thèbes, Égypte.

ment survenu à cet endroit (fig. 57) : l'animal, échappé du troupeau, fausse compagnie à ses gardiens et fuit licol au vent.

Cette découverte exceptionnelle de verreries à Sedeinga pourrait ainsi de façon concrète témoigner d'échanges précieux entre l'Afrique koushite et Rome, qui affirme au milieu du IIIe siècle par des fêtes somptueuses son espoir dans une ère nouvelle, dans un avenir de paix, de renouveau et de prospérité. Où chercher alors le lieu de fabrication de tous ces objets dont plusieurs portent des caractéristiques tout à fait koushites : les coiffures en grain de poivre des orants des flûtes bleues (fig. 58), la jarre de bière méroïtique reproduite en verre brun violacé ? Où a-t-on pu joindre à une telle maîtrise des techniques du verre, une pareille connaissance des usages et des goûts des destinataires ? A Assouan peut-être, la porte vers l'Afrique où séjournait une garnison romaine, la grande ville à proximité du célèbre sanctuaire d'Isis de Philae où chaque année un pèlerinage de Méroïtes venait adorer la statue de la déesse à l'occasion de fêtes superbes. Mais il est difficile d'être plus affirmatif, puisqu'on n'y connaît rien des niveaux archéologiques de cette période, qui restent encore à explorer.

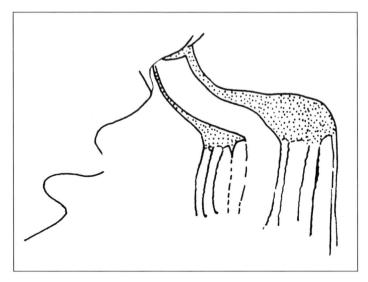

FIG. 57 - Gravure rupestre de Tômâs, Nubie égyptienne.

Les travaux récents ont mis à nouveau au jour à Sedeinga une verrerie peinte exceptionnelle[21] que le contexte de fouille conduit à dater
aussi du IIIe siècle de notre ère. Forme et décoration évoquent directement des gobelets découverts autrefois à Begram en Afghanistan, ou sur
les bords de la mer Noire. Des personnages du cycle dionysiaque y sont
figurés sous des constructions légères en bois ornées de fleurs, affirmation païenne, dans un monde religieux en pleine mutation.

Grâce à la persévérance et à la ténacité de Jean Leclant, les maigres
moutonnements de briques crues fondues ou écrasées à proximité du
temple de la reine Tiy ont livré les vestiges d'un vaste cimetière de chef-
lieu. Si la moisson d'inscriptions méroïtiques n'y a pas eu l'ampleur
espérée, Sedeinga s'est révélée à travers les millénaires un site important
entre IIe et IIIe cataracte, passage obligé le long des pistes reliant
l'Égypte à l'Afrique profonde. Aux périodes classique et finale de

---

21. C. Berger, M. Drieux, « Une nouvelle verrerie découverte en Nubie soudanaise »,
Techné 6, 1997, p. 19-20, pl. I, fig. 2 ; C. Berger-el Naggar, « Un enrichissement nota-
ble des collections d'archéologie nubienne au musée du Louvre : les fouilles de
Sedeinga », *La Revue du Louvre et des Musées de France*, n° 2, 1999, p. 31-34.

Fig. 58 – Détail de la flûte bleue provenant de la tombe W T8
de Sedeinga (cf. fig. 55).

l'Empire méroïtique, Sedeinga devient le centre d'un pouvoir provincial
où se sont rencontrés et épanouis les thèmes égyptisants, les détails
proprement koushites ou africains et des influences évidemment méditerranéennes.

Catherine BERGER-EL NAGGAR

LES ÉTUDES MÉROÏTIQUES

Dans ce colloque où nous voguons « au fil du Nil » en compagnie de Jean Leclant, je voudrais un trop bref instant vous entraîner vers l'amont, au pays des déserts et des cataractes, d'Assouan la nubienne jusqu'à Khartoum la soudanaise. Là, depuis le IIIᵉ millénaire, s'était développée une civilisation originale, le royaume de Koush, que les Grecs et les Latins nommeront l'« Éthiopie ». Cette terre africaine, riche en or (fig. 59 et 60), pourvoyeuse d'ébène et d'ivoire, de fauves et d'esclaves, fut plusieurs fois soumise par les Égyptiens. Les Pharaons du Moyen Empire la hérissèrent de forteresses redoutables, ceux du Nouvel Empire l'ornèrent de sanctuaires magnifiques. L'un des plus majestueux, le temple jubilaire d'Aménophis III à Soleb, fut d'ailleurs l'objet des fouilles de la mission franco-italienne de Mᵐᵉ Michela Schiff Giorgini.

A partir du Xᵉ siècle av. J.-C., après le retrait des colonisateurs égyptiens, les Koushites fondèrent un nouveau royaume autour de la cité de Napata, métropole religieuse et nécropole royale. Le pays se dota d'une administration civile et sacerdotale inspirée des anciens maîtres retournés au nord. Bientôt la puissance de ses souverains déborda le cadre de la Nubie, et finit par recouvrir l'Égypte elle-même, que conquirent au VIIIᵉ siècle les Pharaons Piankhy et Shabaqo de la XXVᵉ dynastie dite « éthiopienne » ou « koushite » (fig. 61 et 67). A cette période étonnante de l'histoire de la vallée du Nil, le professeur Jean Leclant consacra deux ouvrages d'importance capitale, en 1954 et 1965.

Vers le début du IIIᵉ siècle av. J.-C., bien après la perte de l'Égypte, les rois de Koush transportèrent leur nécropole plus au sud, et bâtirent désormais leurs singulières pyramides effilées à Méroé, non loin de l'actuelle Khartoum (fig. 62). Cette phase finale de leur civilisation, qui s'étend jusqu'à l'aube du Vᵉ siècle de notre ère, est appelée « royaume méroïtique ». Elle se caractérise par une prise de distance progressive avec la culture égyptienne, et notamment par l'adoption d'une écriture indigène transcrivant la langue locale (fig. 63 et 64).

FIG. 59 – Le tribut nubien de l'or (el Gournah, tombe de Houy).

FIG. 60 – Le tribut nubien : les chefs (el Gournah, tombe de Houy).

FIG. 61 – Taharqo devant le dieu Hemen (Louvre).

En 1911, après six décennies de recherches philologiques, essentiellement de la part des Allemands, c'est un Britannique, le génial égyptologue Francis Llewelyn Griffith, qui perça le mystère de l'écriture
méroïtique (fig. 65). Cependant ce n'était qu'un premier obstacle de
franchi, car les mots désormais lisibles appartenaient à une langue
inconnue. A l'exception de certains noms de lieux ou de dieux, d'une
poignée d'emprunts à l'égyptien ancien, et de quelques rares termes que

Fig. 62 – Pyramides de Méroé-Nord (anastylose de F. Hinkel).

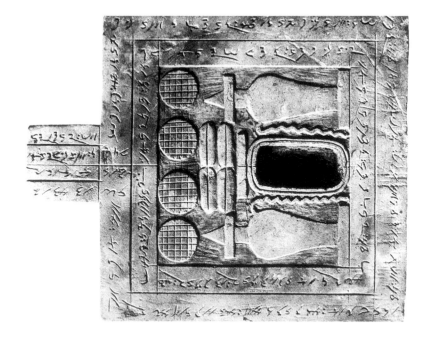

FIG. 64 – Table d'offrande de Karanóg (REM 0259, au nom de Temeyakadiye, Philadelphie).

FIG. 63 – Stèle funéraire de Méroé (REM 0049, au nom de Taktidamani, Berlin).

signes hiéroglyphiques	cursive	translittération	valeur
		a	/a/ ou /u/ initiaux
		e	/e/ ou voy. absente
		o	modificateur /u/
		i	modificateur /i/
		y	/ya/
		w	/wa/
		b	/ba/
		p	/pa/
		m	/ma/
		n	/na/
		ne	/ne/ ou /n/
		r	/ra/
		l	/la/
		ḫ	/ḫa/
		ẖ	/ẖa/
		se	/se/ ou /s/
		s	/sa/
		k	/ka/
		q	/qa/
		t	/ta/
		te	/te/ ou /t/
		to	/tu/
		d	/da/
		:	séparateur

Fig. 65 – L'écriture méroïtique : table des valeurs.

le contexte permettait d'élucider, l'essentiel des messages véhiculés par les centaines de textes alors retrouvés était incompréhensible. Après la Seconde Guerre mondiale et jusqu'au début des années 1960, seuls Macadam, disciple de Griffith, en Angleterre, et Hintze, en Allemagne de l'Est, continuaient à travailler sur la langue de Méroé. Quant à l'archéologie méroïtique, fondée au milieu du XIXᵉ siècle par Richard Lepsius dans ses *Denkmäler aus Ägypten und Nubien*, elle a connu son heure de gloire avec les fouilles de l'Américain Georges Reisner de 1916 à 1923 dans les vastes champs de pyramides royales de Méroé et du Gebel Barkal.

L'étude de la civilisation et de la langue méroïtiques était donc restée jusque dans les années 1950 un domaine que se partageaient les savants anglo-saxons et germaniques. C'est au professeur Jean Leclant que la France doit son entrée remarquée dans cet étroit cénacle, où jamais avant lui aucun de nos compatriotes ne s'était sérieusement aventuré. C'est en lui que je salue ici le fondateur des études méroïtiques françaises, qu'il s'agisse d'archéologie ou de philologie, qu'il s'agisse de recherche, de publication ou d'enseignement.

Comme il nous l'a rappelé tout à l'heure, c'est par l'intermédiaire des Pharaons koushites de la XXVᵉ dynastie que le professeur Leclant s'était intéressé à l'histoire ancienne du Soudan. Cette passion se doublait d'ailleurs d'une intense réflexion sur les liens profonds entre la civilisation égyptienne et les cultures africaines, un domaine tout à fait neuf en cet immédiat après-guerre (fig. 66). Il visita les principaux sites du Soudan dès 1949, alors qu'il était encore pensionnaire de l'IFAO. Par la suite, il fut de toutes les campagnes archéologiques françaises sur le cours du Nil moyen, à Tômâs avec le regretté Jean-Philippe Lauer lors des fouilles de sauvetage de la Nubie submergée, à Soleb avec Mᵐᵉ Schiff Giorgini et Clément Robichon, puis à Sedeinga, un des sites méroïtiques les plus riches en inscriptions, dont il a, à la suite de Mᵐᵉ Schiff Giorgini, dirigé les travaux jusqu'à une date récente.

Deux facteurs décisifs allaient à la fin des années 50 lancer le professeur Leclant dans une entreprise intellectuelle d'une formidable ampleur et d'une importance fondamentale, l'établissement du *Répertoire d'Épigraphie méroïtique* ou *REM*. En 1953 en effet, il fut nommé à la tête de l'Institut d'Égyptologie de Strasbourg, ce qui assurait un support institutionnel, bien que partagé, à la recherche méroïtique. Le second élément déterminant fut l'amitié et bientôt la collaboration avec un brillant philologue, André Heyler. Dès 1958/1959 furent donc jetées les bases d'un recueil de l'ensemble des inscriptions méroïtiques, dont les publi-

Fig. 66 – Le tribut nubien : les Grands de Koush devant
Pharaon (el Gournah, tombe de Houy).

cations jusqu'alors étaient dispersées à travers de multiples ouvrages et
revues du monde entier. A titre d'exemple, la stèle funéraire de Toshka
répertoriée REM 1049 avait été publiée par Bruce Trigger dans une
revue d'histoire naturelle de l'Université Yale, juste avant un article
décrivant des oiseaux inconnus des Philippines ! Comme on le voit, la
simple collecte du corpus allait souvent se révéler difficile. C'est en fait
en 1960 que commença véritablement ce travail. La tâche était non seulement ardue mais fastidieuse, puisqu'il avait été décidé de recourir à un
système de fiches perforées qui exigeait une patiente reproduction
manuscrite de milliers de fiches, en un temps où n'existaient ni photo-
copieuses ni imprimantes. L'élection de Jean Leclant à la chaire d'égyptologie de la Sorbonne en 1963 et la création d'un poste sur mesure à
l'École pratique des Hautes Études permirent de continuer ce travail sur
une plus grande échelle. Le *REM* fit bientôt l'objet d'une unité de
recherche au sein du C.N.R.S. et bénéficia d'un support informatisé,
une première mondiale dans le domaine des langues anciennes.

    Entre-temps, il avait été nécessaire d'élaborer de nouvelles
conventions de translittération et surtout des outils philologiques de

découpage des textes. Il fallut ensuite ajouter à la philologie tradition-
nelle une formation au maniement des ordinateurs dans le domaine
linguistique, un concept tout nouveau. C'est ainsi que le *Répertoire d'É-
pigraphie méroïtique* se retrouva au centre des préoccupations d'un cercle
international de scientifiques issus de différents horizons. En décembre
1970, c'est avec une légitime fierté que le professeur Leclant présenta les
premières sorties du *REM* au Congrès international d'Études méroïtiques de Khartoum, même si, m'a-t-il confié non sans malice, l'effet de
solennité recherché avait été quelque peu compromis par la dégringolade
inopinée de l'immense accordéon de papier qu'il lui fallut récupérer sous
la table.

Sur ce premier document étaient translittérés et découpés en
séquences les quelque huit cents textes alors connus. L'année suivante,
l'Index du *REM* fut à son tour terminé, du moins sous sa version informatique : il recensait tous les lexèmes et morphèmes sécables de la
langue méroïtique, 6602 en tout, avec le renvoi à chaque référence
d'inscription où l'élément était attesté.

Parallèlement à ce travail de recherche, le professeur Leclant déve-
loppa une importante activité de diffusion et d'enseignement de la
jeune science méroïtique qui, en ces temps bénis, progressait à grands
pas. Une revue, les *Meroitic Newsletters*, fut régulièrement publiée,
ouvrant ses pages aux plus grands noms de la discipline et faisant le point
sur la publication des textes et l'avancement du *REM*. Et surtout, dès
1965 et jusqu'en 1986, le professeur Leclant dirigea à la Ve section de
l'École pratique des Hautes Études un cursus consacré à la religion et à
la langue de Méroé, le seul existant au monde à cette époque. Bien des
élèves promis à un destin égyptologique prestigieux suivirent ce cours,
et je relèverais par exemple ceux de Mmes Christiane Ziegler, Dominique
Valbelle et Catherine Berger, de MM. Nicolas Grimal, Audran
Labrousse et Bernard Mathieu. C'est ainsi toute une génération d'égyptologues qui furent initiés aux mystères de Méroé, ce dont aucun autre
pays que le nôtre ne peut se prévaloir.

Tout semblait donc propice à des progrès rapides et décisifs. Hélas,
la veille de Noël 1971, l'ami fidèle, le collaborateur infatigable, André
Heyler, s'éteignit prématurément. Ce fut un rude coup pour le
professeur Leclant, et pour les études méroïtiques françaises. Un ressort
secret était cassé, et si le projet put subsister grâce à diverses collabora-
tions parmi lesquelles on saluera celle de Mme Catherine Berger-el
Naggar, la perspective d'une publication semblait s'éloigner.

Fig. 67 - Taharqo en sphinx (Kawa).

Pourtant, en août 2000, pour son quatre-vingtième anniversaire, le professeur Leclant reçut les trois premiers tomes du *REM*, qu'il put présenter peu après au 9ᵉ Congrès international d'Études méroïtiques de Munich. C'est qu'entre-temps, de 1998 à 2000, une nouvelle équipe, groupant Claude Carrier, Catherine Berger-el Naggar et votre serviteur s'était jointe à lui pour finaliser cette tâche de quarante années. Pareillement, les *Meroitic Newsletters* ont pu reprendre une publication régulière et présenter de nouveaux textes et de nouvelles théories. C'est, on peut le dire, une véritable renaissance des études méroïtiques françaises qui est en cours, et c'est à nouveau autour de Jean Leclant qu'elle s'opère.

Certes, il reste beaucoup de travail, car les 2000 pages déjà publiées du *REM,* qui présentent pour chaque inscription une photographie, un fac-similé, une fiche d'identité archéologique et une bibliographie exhaustive, doivent être suivies d'une publication de même ampleur comprenant la translittération de chaque texte et un index complet. Le tout sera également disponible sous forme de base de données informatiques, afin de faciliter les recherches et les tris, qui, nous l'espérons, mèneront un jour à la compréhension de cette langue. Le travail sur ces tomes IV, V et VI du *REM* a heureusement déjà commencé depuis plusieurs mois.

Rien de tout cela n'aurait été possible sans l'intelligence visionnaire, la force d'esprit, le travail opiniâtre du professeur Leclant, dont l'immense apport aux études méroïtiques est mondialement reconnu. Qu'il me soit permis de saluer ici son œuvre avec les mots du pharaon koushite Taharqo (fig. 67) au Gebel Barkal :

« Il avait trouvé ce temple bâti par ses prédécesseurs en pierres de modeste facture, mais il le fit reconstruire selon une technique excellente et durable. »

Claude RILLY

LA NUBIE ET LE SOUDAN,
ÉGYPTE ET AFRIQUE

L'extraordinaire carrière de notre ami Jean Leclant est sujette à de multiples interrogations : comment avoir ouvert tant de voies de recherches, comment pouvoir se donner entièrement à un champ d'investigation aussi vaste, comment avoir mis en place un réseau scientifique international couvrant des pans entiers d'une connaissance souvent laissée en friche ? La curiosité insatiable de ce chercheur a été cependant accompagnée de la volonté de faciliter le travail des autres et d'établir des liens de fidélité permettant la pluridisciplinarité. Par un étrange destin, le jeune archéologue que j'étais a suivi pas à pas l'approche ainsi définie : les révélations de Karnak, la Campagne de Nubie, le choix d'un site majeur au-delà de la IIe cataracte du Nil ; enfin, la fascination de l'Afrique. Il est alors devenu possible de partager une démarche cherchant à fonder une juste appréciation des cultures nubiennes par rapport à l'Égypte.

L'itinéraire menant à Karnak-Nord, avec les idées étonnantes de Clément Robichon, la rigueur de Paul Barguet et de Jean Leclant, a permis d'effectuer les travaux de la colonnade éthiopienne qui représentaient l'une des expériences archéologiques les plus abouties. En allant vers la redécouverte des réalisations architecturales de Taharka, c'est aussi la mise au point théorique d'un type d'intervention qui définissait les fondements du métier d'archéologue. On peut encore considérer que ce modèle touchait l'analyse et l'interprétation scientifique en poussant les différents collaborateurs à sans cesse rediscuter des premiers résultats obtenus pour créer une nouvelle dynamique de la recherche. Cette période a certainement été un moment privilégié à Karnak et, plus tard, beaucoup ont fait référence à ce chantier étonnant. Comme une suite logique, les études sur les monuments thébains de la XXVe dynastie et, plus particulièrement, l'édifice de Taharka du lac complétaient les travaux et la réflexion d'un groupe de savants essayant de reconnaître les limites du document archéologique et de saisir la pensée des anciens Égyptiens.

Ce bâtiment unique, l'un des plus discrets et pourtant l'un des plus importants du complexe religieux de Karnak, avait suscité l'intérêt de Jean Leclant dès les années 50. Durant trois saisons, il conduit dans et autour du monument des recherches qui mettent en évidence l'ampleur des remplois dans les maçonneries de blocs provenant d'un édifice de Chabaka et qui permettent d'en définir les accès, les circulations et les relations avec le Lac Sacré voisin. Cour des fêtes, édifice consacré à des rites d'appropriation du monde, associant le culte de « Rê-Horakhty qui est sur le toit du temple du domaine d'Amon » et les rites décadaires au tombeau des dieux morts de Djémê, il résume certains des thèmes idéologiques et théologiques les plus forts de cette période si riche.

La campagne de sauvetage des monuments de Nubie, dès 1960, ouvre à nombre d'archéologues l'occasion de se familiariser avec une aventure de tous les instants. Tômâs représente ainsi pour Jean Leclant les portes d'un territoire immense où l'on essayait surtout de découvrir l'Égypte en terre soudanaise. Les voyages étaient terriblement incertains et les vestiges se rattachaient généralement à des cultures encore peu connues où se côtoyaient des textes de l'Ancien Empire et d'époque méroïtique. Au-delà de la IIe cataracte et de sa barrière granitique, on pouvait atteindre difficilement Soleb. C'est avec émotion que je pense à l'arrivée près de la maison de fouilles où nous attendaient Michela Schiff Giorgini, Clément Robichon et Jean Leclant (fig. 68). Proche des ruines grandioses du temple d'Aménophis III, on pouvait, d'années en années, suivre les fouilles minutieuses et l'analyse épigraphique. Pourtant, cette hospitalité allait plus loin encore car dans ce refuge paisible s'élevant aux franges du désert, nous avions droit à une leçon d'archéologie et de multiples conseils pour nos travaux (fig. 69).

Notre choix de retrouver les origines des cultures nubiennes à Kerma doit certainement être associé au dialogue qui s'est initié à Soleb. Assis au pied d'un djebel ou sur le haut d'une dune de sable fin, il devenait possible de parler de nos espoirs scientifiques et de notre approche sur le terrain. L'oreille attentive de Jean Leclant et sa vision de la recherche en Nubie, des royaumes indigènes avec les rois ancêtres, a peu à peu modifié les axes de nos études. Nous pouvions avec lui prendre conscience d'un potentiel historique impossible à bien reconnaître à cette époque. Aujourd'hui, le chemin parcouru permet de juger des découvertes à Kerma d'une population indigène et d'un État complexe capable de

FIG. 68 – Réunion à Soleb devant la maison de la Mission. De gauche à droite : Charles Bonnet, Denise Girardin, Béatrice Privati, accroupi le professeur Charles Maystre, Michela Schiff Giorgini, Inès Matter, Jean Leclant, le raïs Ouchi et trois collaborateurs de Soleb.

Fig. 69 – Rêveries dans le désert saharien à l'ouest de Soleb. Le professeur Jean Leclant et Charles Bonnet.

tenir tête aux Pharaons. D'autres traces d'occupation, dont certaines découvertes récemment qui remontent à près d'un million d'années, ont apporté par étapes les éléments d'une tradition puissante donnant au continent africain une originalité étonnante.

Certes, les vastes reconnaissances de Georges Reisner au début du XXᵉ siècle présentaient une base documentaire essentielle, mais l'on pouvait déjà avoir l'impression que bien des interprétations étaient à revoir. Le premier royaume nubien de culture Kerma a mis en relief certains caractères très africains, que ce soit pour les systèmes de défense, l'habitat de huttes circulaires ou les rites funéraires. Malgré cela, l'influence de l'Égypte sur le plan institutionnel restait très présente ; il fallait donc essayer de distinguer ces caractères et de comprendre dans quelle mesure les souverains de Nubie avaient trouvé un équilibre qui tienne compte de leurs idées religieuses tout en montrant leur volonté de créer un centre d'échange de produits manufacturés ou à l'état brut. Ces premières découvertes ont rapidement donné aux spécialistes du Soudan le désir d'explorer ces nouveaux champs de recherche.

La colonisation égyptienne de la XVIIIᵉ dynastie marque un coup d'arrêt à ce processus culturel et l'on assiste à une transformation des coutumes, alors que les princes indigènes sont éduqués à la cour de Pharaon. La construction de temples et de villes fortifiées jusqu'au Gebel Barkal, siège de la demeure du dieu Amon, jalonne la vallée du Nil de réalisations remarquables. Les noms prestigieux des Thoutmosides, d'Aménophis III, puis d'Aménophis IV devenant Akhénaton, sont autant de preuves de cette époque de grandeur. La fin du Nouvel Empire va poser des questions difficiles concernant la continuité d'occupation des sites et le pouvoir à recréer dont va dépendre le territoire. L'origine de la XXVᵉ dynastie est encore énigmatique et chacun voudrait comprendre comment, plusieurs siècles après la fin de la colonisation, les rois koushites ont été en mesure de régner sur l'Égypte.

Comme nous l'ont bien montré les enquêtes menées par Jean Leclant à Soleb et à Sedeinga, chaque étape le long du fleuve représente un acquis décisif. La patiente collecte des textes méroïtiques est aussi l'un des aspects de cette quête. C'est pourquoi des ensembles archéologiques qui demeurent peu explorés en Moyenne- ou en Haute-Nubie donneront à leur tour d'autres clés pour résoudre des problèmes historiques. Saï, Sésébi, Kerma, Tabo, Kawa, la région d'Amentago, ou le Gebel Barkal sont autant de sites où l'on a, avec l'île de Méroé, une part non négligeable de vestiges intéressants, mais où l'on doit encore reprendre les analyses. Il y a également d'immenses étendues où tout reste à découvrir. Les fouilles engagées depuis trois ans à Doukki Gel-Kerma donnent un bon exemple de cette situation, puisque, en quelques mois, 600 blocs décorés contribuent à restituer la ville que fondent les Égyptiens au Nouvel Empire à un kilomètre de la métropole indigène. Appelée Pnoubs à partir de la XXVᵉ dynastie, c'est Jean Leclant qui avait signalé en 1952 la plus ancienne attestation connue du toponyme sous le règne de Pi(ankh)y.

L'évolution des travaux au Soudan est directement associée à la réflexion de Jean Leclant. Grâce à son immense culture, il a su montrer que les disciplines de l'égyptologie n'étaient pas en concurrence avec les recherches au Soudan ou en Éthiopie ; au contraire, il fallait considérer que les grands courants d'influences enrichissaient les recherches des africanistes. Son action au sein de la Société internationale d'Études nubiennes est devenue déterminante après la campagne de sauvetage de l'UNESCO. Sans hésiter, il a accepté de diriger la Mission de préparation de l'un des projets les plus difficiles du Soudan sur la IVᵉ cataracte. Dès 1989, il était devenu certain qu'un nouveau barrage de grandes dimensions allait détruire un riche patrimoine sur plus de 100 km de longueur. A la suite d'un voyage extravagant sur des pistes épouvantables, la mise en place d'une organisation est devenue possible. Depuis un an, alors que la menace s'est précisée, des projets détaillés sont en cours d'exécution.

Il faut comprendre qu'au travers des études sur la XXVᵉ dynastie et les époques méroïtiques, c'est tout le champ nubien et africain qui est touché. Sa volonté d'associer le monde méditerranéen au Soudan, ou même à l'Éthiopie, montre l'importance de cette approche. Grâce aux informations régulièrement diffusées dans les Chroniques de la revue *Orientalia*, le réseau de compétence devient parfaitement apparent et le rôle de Jean Leclant en est encore plus impressionnant. Toute discipline doit être gérée avec intelligence pour conserver son dynamisme. Ainsi, le Secrétaire perpétuel de l'Académie des Inscriptions et Belles-Lettres, le professeur et le découvreur n'a cessé de penser aux nouvelles générations d'étudiants et de chercheurs. La perception des découvertes fondamentales de ces dernières décennies change beaucoup à l'histoire de la Vallée du Nil ; elle montre de manière éclatante que les objectifs scientifiques qui se dessinaient, il y a trente ans, ont été souvent démontrés.

Le petit film qui va vous être présenté maintenant a été réalisé par Alain Jomier de la chaîne ARTE pour accompagner un dossier de candidature à l'UNESCO pour l'inscription du site soudanais de Gebel Barkal sur la liste du Patrimoine mondial. L'hommage qu'il rend à Jean Leclant pour son apport fondamental à notre connaissance de la XXVe dynastie et des cultures nubiennes est révélateur du lien qu'il a su tisser tout au long du parcours que nous venons d'évoquer entre l'Égypte et le Soudan. Initié à leur monde par les souverains koushites eux-mêmes dans le temple de Karnak, il a suivi leurs traces jusqu'aux lointains royaumes dont ils étaient originaires et a largement contribué à leur redécouverte.

Charles BONNET

LES PARTICIPANTS

Catherine BERGER-EL NAGGAR   Ingénieur de recherches
au C.N.R.S.

Charles BONNET   Associé étranger de l'Académie
des Inscriptions et Belles-Lettres

Gisèle CLERC   Ingénieur de recherches
au C.N.R.S.

Nicolas GRIMAL   Professeur au Collège
de France, correspondant
de l'Institut

Audran LABROUSSE   Directeur de la Mission
archéologique française
de Sakkara

Jean LECLANT   Secrétaire perpétuel
de l'Académie des Inscriptions
et Belles-Lettres, Professeur
honoraire au Collège
de France

Bernard MATHIEU   Directeur de l'Institut français
d'Archéologie orientale
du Caire

Claude RILLY   Chercheur au Groupe parisien
d'Études méroïtiques

TABLE DES MATIÈRES

Nous devons l'illustration présentée aux amis et aux institutions suivantes, auxquels nous exprimons notre profonde reconnaissance :

Ch. Bonnet : fig. 68, 69 ;
P. Comte : fig. 20 ;
F. Gourdon : fig. 1, 2, 3, 4, 5, 6, 7, 8, 9, 10, 12, 13, 14, 16, 18 ;
J.-F. Gout : fig. 31 ;
A. Labrousse : fig. 38 ;
B. Mathieu : fig. 32, 33, 34, 35, 36, 37 ;
J. Montluçon : fig. 11, 15, 17, 28 ;
Salah el-Naggar : fig. 56, 59, 60, 66 ;

Archives de la Mission archéologique française de Sakkara (MAFS) :
        fig. 19, 21, 22, 23, 29, 30, 39, 40, 41 ;
Archives de la Mission de Sedeinga (SEDAU) :
        fig. 52, 53, 54, 55, 57, 58 ;
Archives de la Mission de Soleb :
        fig. 42, 43, 44, 45, 46, 47 ;
Archives de la Mission de la IVᵉ Cataracte :
        fig. 24, 25, 26, 27 ;
Archives du Groupe d'Études isiaques
(Musées d'Arles, de Bourges et de Châlons-en-Champagne) :
        fig. 48, 49, 50, 51 ;
Archives du Groupe parisien d'Études méroïtiques :
        fig. 61, 62, 63, 64, 65, 67.

La photographie de la couverture « Le Nil à Assouan » nous a été confiée par J.-F. Gout, que je remercie.

ACHEVÉ D'IMPRIMER
EN SEPTEMBRE 2002
PAR L'IMPRIMERIE
C A R A C T E R E
A AURILLAC
N°7/110